語りの力

東北大学大学院文学研究科
講演・出版企画委員会
編

Power of Storytelling

Lecture Series in Humanities and Social Sciences XIII

Lecture and Publication Planning Committee
in Graduate School of Arts and Letters at Tohoku University

Tohoku University Press, Sendai
ISBN978-4-86163-385-0

口絵1　チャッツワース

(@Rob Bendall, Attribution, via Wikimedia Commons)
<https://commons.wikimedia.org/wiki/File:Chatsworth_Bridge.jpg>.

口絵2　ブラック・マウンテンズの山並み

(@ 大貫隆史)

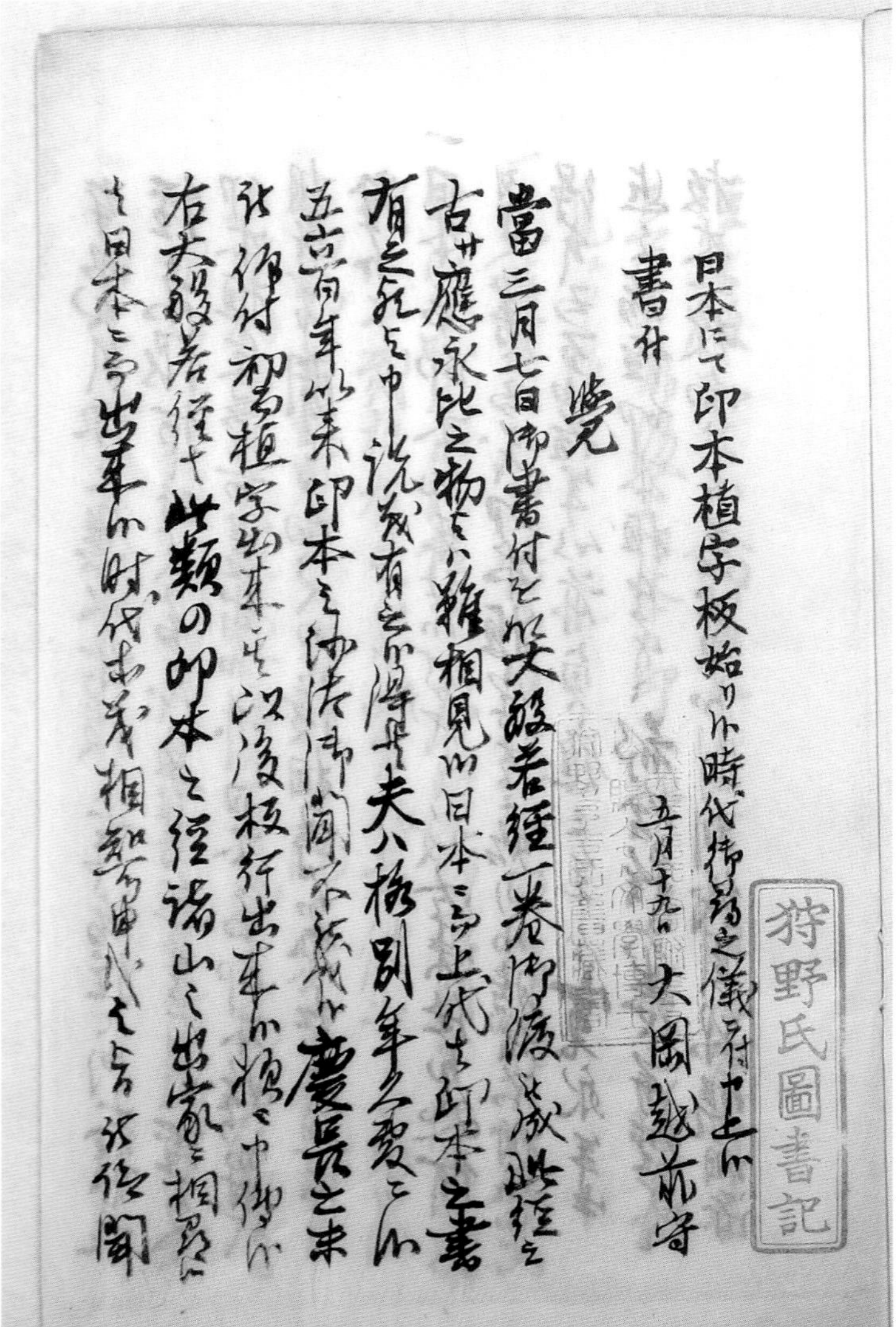

口絵3　印本起原取調書

（狩野文庫）

目次

東北大学大学院文学研究科
講演・出版企画委員会

萩原　理（代表）
大貫隆史
杉本欣久
引野亨輔

企画協力

高橋章則

はじめに

『人文社会科学講演シリーズ』は東北大学大学院文学研究科の教員の研究成果を一般の人に知っていただくために二〇〇六年に刊行され、今巻で第十三巻目となります。今巻のテーマは「語りの力」です。これは二〇二〇年から二〇二一年にかけて開催された第十九期有備館講座と第十三期齋理蔵の講座で行われた講演をもとにしています。講演の総合テーマは「語り伝えたいこと・モノ・人」でしたが、その中で、おもに「語り」、「物語」、「伝達」といった、語ることそれ自体を主題とした講演を集めて一冊の本にまとめました。

「語りの力」と言うと、ある人が何かを語ることによって強い影響を及ぼすこと（例えば、感動を引き起こしたり、説得されたり、騙されたりすること）と考えるかもしれません。確かに、そういう強い影響力も問題になりますが、この本で扱いたいのは、もう少し根源的な意味です。すなわち、人間にとって「語り」がどういう意味を持つのかという問いです。つまり、人はなぜ「語る」のか、そしてそれがどんな作用を及ぼすのかという問いです。

人がそもそもなぜ語るのかという問いに答えることは勿論容易ではありません。しかしこの本はその答えのヒントを与えようというものです。人が何かを語る際には、語る人と、その人が語る内容が必要となりますが、それに加えてもう一つ、聞く人も必要です。ひとりごとであっても、それは自分に向かって語っているのであって、自分という聞き手が存在しています。何を語るかを決めるのは語る人であり、語る人が語りたいという意思をもって語るのですが、語り手は聞き手がそれを聞いてどう思うかということもつねに気にします。聞き手の反応によって内容や語り方が変わるのであり、語りはつねに聞く人との関係で成り立つ相互的なコミュニケーションだということがまず大事な点です。

そしてもう一つ重要なのは、語られる内容は、個人的な体験であれ、歴史的な事件であれ、あるいは、自分が読んだものや見たものや聞いたものであれ、あるいは完全な個人の創作であれ、すべて過去に関わるということです。過去の出来事は、覆水盆に返らずと言う通り、一度起こった以上もはや変えることはできません。そういう意味で、過去の出来事は確実で、揺るぎないものと言えます。しかし人がそれを語る際には、その時々の状況や、こう言えば聞き手が興味を持ってくれるだろうという語り手の意識によって、つねに改変が行われます。起こってしまったこと自体は確実で変えようがないのですが、それを伝える際には不安定なものにならざるをえないのです。この確実であるはずのものが、揺らいで、しかし揺らぐことによって生き生きとしたものになるというのが語りの特徴であり、魅力の一つです。

ここで、あらかじめ本書の内容の概略を紹介しておきましょう。まず第一章の「物語の機能、その魅力」では、語りとはそもそも何かという問いに対して、創作された物語や体験談の特徴を挙げた上で、語りのコミュニケーション機能に触れます。複数の人が雑談の中で体験談を語る場合、最初の人が語った話を受けて、次に語る人は最初の人の話と関連する形で体験を語ることによって、最初の人に対する共感や連帯感を示します。二番手で語る人は、最初の語りの際には聞き手です。そして次に自身が語り手になる際には、聞き手としての反応として語り出します。そのような語りの連鎖は語りのコミュニケーションとしての機能をよく表すものだと言えます。

第二章の「記憶の「不確かさ」を語ること――川端康成の文学とモダニズム――」は、川端文学における記憶と忘却の不思議を扱います。両親を幼い頃に亡くし、孤児のように育った川端は、子供時代の記憶が不鮮明であり、忘却と記憶の再構築によって過去を作り変えて生きてきたようです。そうした記憶と忘却の揺らぎは、人生においては生きる糧を与える可能性も秘めています。この章の最後に、川端の小説「弓浦市」が取り上げられていますが、ここでの説明は、「弓浦市」が記憶の曖昧さを描きながら、登場人物には生きる希望を与え、読者には鮮明な記憶を刻むすぐれた作品であることを感じさせます。この章を読んだ人は、ぜひともこの隠れた名作を手に取って読んでみたくなることでしょう。

第三章の「都市と自然を書くこと、そして語ること――レイモンド・ウィリアムズ『ブラックマウンテンズの人びと』を読むために――」は、文学における風景描写の意味を、特にイギリスの作家チャールズ・ディケンズとレイモンド・ウィリアムズを通して探ります。『クリスマス・キャロル』で有名な十九世紀の作家ディケンズは、小説『ドンビー父子』において、人間を抑圧する都市の風景描写を通して、圧倒的なモノによって人間までもがモノに化す姿を描きます。一方、二十世紀のレイモンド・ウィリアムズは、小説『ブラックマウンテンズの人びと』において、自然に働きかけることによって自然とつながろうとする人間を、地質学的な自然描写を通して示そうとします。ただし、そのような科学的な語りの背後に虚偽があることも指摘されます。風景について語るとは、人間について語ることにほかなりません。

第四章の「江戸時代の「はじめて物語」を追う――狩野文庫「印本起原取調書」を素材として――」は、東北大学附属図書館に収められた狩野文庫のなかにある「印本起原取調書」を扱います。この大岡越前守忠相がまとめた史料は、日本で初めて版本が印刷されたのはいつなのかという問題に対する調査結果です。ただし、それは起原を求める知的な欲求にもとづくものではなく、調査する幕府側にとっては、無用な紛争を避けるという政治的目的を持つものであり、調査に答える寺社の側にとっては、自分たちの権威を高めるためのものでした。人間の意図によって調査結果を変え、相手を言いくるめようとすることは現代においてもありうることでしょう。とはいえ、そのような物語としての調査結果を非学問的であると排除するだけではなく、曖昧さを認める態度が実は真理に近いかもしれないというところが学問の難しさでもあり、面白いところでもあります。

最後の第五章の「対話とは何か――ユルゲン・ハーバーマスの社会学思想――」は、現代ドイツの哲学者・社会学者であるユルゲン・ハーバーマスの対話について思想を明らかにします。ハーバーマスの思想は必ずしも分かりやすいものではありませんが、彼の対話に関わる理論においてキーワードとなる「コミュニケーション行為」、「討議」、「生活世界」、「コミュニケーション合理性」といった専門用語が分かりやすく説明されます。西洋の哲学の伝統においては対話がつねに重視されてきましたが、多様な価値観が交錯する現代社会においてこそ対話が必要であり、また、かつての日本の村にも対話を尊重する価値観が存在したことが分かるでしょう。話し手と聞き手が互いに語り合いながら対話を積み重ねることは、平和の維持に貢献するのです。

「かたり」は「騙り」として、自己の利益のために相手を「騙す」ために行われることもあります。また、現実と非現実のあいだで紡がれる一瞬の美ではあっても、現実に対しては無力と思われる場合もあります。しかしその根底には、聞き手や読者とのあいだに了解と共感を生んで、摩擦を減らし、平安をもたらす、きわめて実際的で社会的に有効な力があると言えるでしょう。

二〇二二年七月

嶋﨑　啓

物語の機能、その魅力

甲田直美

1 物語の機能、その魅力

甲田直美

はじめに　物語と語り

物語（＝もの「語り」）は、竹取物語や御伽草子など、古くから人々の身近にありました。また、個人の成長過程においても、幼少の頃から、絵本の読み聞かせや紙芝居などで物語に慣れ親しんできたことと思います。

「語り」ということばには、「語られた（その結果としての）物語」と「語る行為」という二つの意味が込められています。ここでは、人々は物語を語ることによって何を得ているのか、物語の機能とその魅力についてみていこうと思います。その際、語られた物語と語る行為という二つの側面からみていきます。物語と語りは、人文・社会科学の多くの分野で注目されてきました。ここでは、物語論からはじまり、物語の構造、一定の体験談を語ることの効用について、人文社会科学のなかでも、とくに言葉の分析をおこなう領域（言語学、会話分析）から考えていきたいと思います[1]。

一．追体験としての物語

まず、語られた物語についてみていきます。

物語の面白さ、魅力としては、普段経験している日常とは別の世界を経験できるということがあると思います。このことを追体験としての物語と呼ぼうと思います。

追体験としての物語とは、私たちが物語を読むとき、物語の始めから終わりまで、その世界を順に追って経験していくことができるというものです。この追体験ということが物語の魅力であると思います。

物語は圧縮した出来事を一言で伝えられるのとは違った魅力を備えています。例えば「冒険」とたった一言で伝えられるのとは違って、物語では、始めから順を追って終わりまで読み進める（あるいは聞き進める）ことで、その世界にいっしょに連れて行ってもらえるという魅力があります。場面や登場人物との出会い、思いがけない出来事、新たなる展開など、物語のなかの時間を私たちはいっしょに体験していきます。物語にはこのように、時間を追って展開していくという性質があります。この時間をいっしょに追体験できることによって、別世界を体験できることが物語の魅力の一つであると思います。

(一) 物語の構造

少しここで物語の構造について触れておきたいと思います。先ほど物語には始めがあって終わりがあるといいましたが、このように物語は始まりから終わりまで一定の長さの間、語られます。その話の展開には構造があることが知られています。ここでは、物語の構造についてみていきます。ソーンダイク(Thorndyke1977)は物語には共通した一般的構造があると述べています。簡単な筋の流れは、主人公が問題に直面し、主人公のいくつかの試みと問題の解決を含みます。このような物語の出来事の間の依存性は、読み手に因果関係や根底にある目的、登場人物の動機についての特定の構造的要素を期待させます。そのような一般的構造を物語文法と呼んでいます(物語文法について興味のある方は甲田(二〇〇九)をご参照ください)。

物語は「設定(setting)」、「テーマ(主題theme)」、「筋立て(plot)」、「解決(esolution)」の四つの部分に分けることが出来るとされています。設定は、時間、場所、主要な登場人物を紹介するものです。テーマは主人公が達成すべき目標であることが大半で、後続する話の焦点となります。

たとえば昔話「桃太郎」[(2)]は次の(1)のようなあらすじですが、(2)のような構成要素、(3)のような全体構造を持っていると考えることができます。

(1)「桃太郎」のあらすじ

桃から生まれた桃太郎は、成長して鬼退治の旅に出る。その旅の途中で、猿、キジ、犬と出会い、彼らを家来にして、鬼ヶ島へ行く。戦いの末に、鬼を退治し、無事に帰還する。

(2)桃太郎の設定、テーマ、筋立て
設定　時間(むかしむかし)、場所(あるところに)、主要登場人物(おじいさんとおばあさんが〜)
テーマ　鬼ヶ島で暴れる鬼の退治、そして帰還
筋立て　上の(1)のあらすじに、いくつかのエピソード(桃太郎の誕生、鬼ヶ島への旅など)が含まれる

(3)桃太郎の話の全体構造
日々の日常が描かれる　日常の日々(夫婦の仕事、おじいさんは山へ柴刈りにおばあさんは川へ洗濯に)
変化の開始　おばあさんが桃太郎を見つける
解決すべき問題の発覚　鬼ヶ島で鬼が暴れている
問題への取り組みと解決　仲間との遭遇、鬼ヶ島での戦い
元の日常が描かれる　帰還し平和な毎日に戻る

民話、伝説神話などの物語は、他の文章と比較して、その構造に多くの共通点と規則性を見いだすことが出来ます。多くの物語は口頭による伝承から発生していますが、記憶された内容が語り継

がれていく間に一定の構造へ収束したものと考えられます。

物語は設定の違いなどはありますが、軸となる部分には共通しているところが多くあります。

まず、物語に大きく共通しているのは、最初に日常の状態が描かれ、その後で変化がおこり、何か取り組むべき事態が生じるということです。そしてその問題を解決し、最後にまた、落ち着いた状態に戻ります。「桃太郎」以外にも、「一寸法師」「金太郎」などは、ヒーローが問題を活躍するタイプの物語（ヒーローもの）という点では似ています。

この一方で、「かぐや姫」「浦島太郎」「鶴の恩返し」「猿蟹合戦」はどうでしょうか。一人の主人公が戦いに活躍して問題を解決するというのとは違います。しかし、部分を見ると似ている点があることに気づきます。

たとえば「かぐや姫」と「桃太郎」を比べてみましょう。「かぐや姫」はおじいさん（竹取の翁）が竹の中にかぐや姫を見つけます。「桃太郎」はおばあさんが川で桃を見つけ、その中から生まれてきます。老夫婦に何かの中（竹／桃）から赤ちゃんが授かるという点では共通しています。このように昔話において共通項を見つけていくのもおもしろいと思います。

物語に構造上のきまりがあると考えるのは、古くはプロップ（Propp1958）の考察に遡ります。民間説話の構造上のきまりを紐解こうとしたものです。いろいろな話に共通する原型を想定し、それを変形・変容したのが個々の話であると考えました。

さて、物語が持つ、共通した性質とは何でしょうか。それは、大雑把に言えば、「昔々あるところに」と時と場所が設定され、登場人物（例えば「おじいさん」「おばあさん」「桃太郎」）が出てきて、始まりの状態としての日々の暮らし（「山へ柴刈りに」「川へ洗濯に」）があり、変化が起こり（「川で桃を見つける」）、いろいろあって（猿やキジとの出会い、鬼退治）、最後にまた元のところに戻ってきて終わるというものです。終わりのところは「めでたしめでたし」になるか「ああ、怖かった」となるかは話によっていろいろです。このことをもっと縮約して言えば、始まりの状態があって、途中があって、終わりの状態があるということになります。

こういうと、そんなそっけない物語など、読む気もしないと思われるかもしれません。物語にはよく読者（あるいは聞き手）を引き込み、わくわくしながら、次が待ち遠しいものもありますが、この一方で退屈なものもあるかもしれません。しかし、物語と呼べるには面白さや技巧ではなく、とりあえず、話に筋があるというのが最低限の条件です。

人々が一定のまとまりをもって語る物語には、形の整えられた創作物や出来事の経験談など、さまざまなものが含まれます。本や紙芝居などは制作までに形が整えられ時間を経て制作されたものですが、一方で、幼少期に子供に語り聞かせる物語や、雑談内で語られる見聞や体験談は即興的なものですが、これらも語られる話、すなわち物語だといえます。例えば、親が子を寝かしつける際に語られる物語として、「桃太郎」を語るとしましょう。ここで即興的に語られた「桃太郎」は本として出版される「桃太郎」と何が違うでしょうか。そこには言葉の言い誤りやあらすじの省略、声の抑揚など、いくつかの点で違いがあることでしょう。しかし、絵本の「桃太郎」も、その場で作られた語りの「桃太郎」も、どちらも物語という共通した性質を備えていると思います。

よく漫画や小説が原作となってドラマや映画になることがあります。媒体は違いますが、それらの間で保存されるもの、それが物語であるといえます。媒体を変えてもなお、保存され続けるもの、それは始まりから出会い、そして結末へと向かう話の流れです。

以下では、物語と語りについてみていきます。

(二) 体験談の構造

これまで創作された物語について見てきました。その中には架空の出来事について作者が時間を費やして創作したものも含まれるでしょう。この一方で私たちは過去に起こった出来事や体験談を相手に語り伝えることがあります。このような体験談は物語とはかなり違ったものと思われるかもしれませんが、実は私たちは体験談を語るときにも聞き手を引きつけようとしており、驚いてもらったりいっしょに笑ってもらったりしています。もちろん、ただ起こったことをそのまま伝えようとするものもあります。

ここでは、体験談の語りに注目してみましょう。これらの中には、自叙伝や人々の経験、例えば戦争体験や出産体験などの語られる内容に焦点をおくものや、語られる内容の構造や言語的要素に焦点をおく研究が見られます。

この体験談にも構造があることが知られています。

アメリカの言語学者ラボフ（Labov 1972; Labov and Walentzkey1967）の研究を紹介します。ラボフは、インタビュー調査によって体験談を集めました。そして、経験した詳細は様々であっても、人々によって語られた体験談には以下の要素を含むことが多いことを示しました。

（3）ラボフによる語りの要素

①話の概要（Abstruct）
②方向付け（Orientation）
③行為の詳細化（Complicating Action）
④評価（Evaluation）
⑤ことの結末（Result of Resolution）
⑥締めくくり（Coda）

①は話の概要を示すもので、これは何についての話かを語るものです。「びっくりしたことがあって」と言って昨日体験したことを語り始めれば、その話は驚く話ということになります。このように全体の話を一、二節でまとめて物語を始めることはよくあるでしょう。

②は登場人物や場所・時間などを表すものです。誰がいつ、何をどこでなどの情報です。「昨日、上野で店長が」と言えば、時、場所、人物が特定されたことになります。導入部分が状況の詳細な

描写で始められることがあります。登場人物の詳細な肖像で始めたりすることです。「黒いマントを着た変な男が」などと登場人物の風貌について語ることがあります。

③はそして何が起こったのかを述べる部分です。主要な出来事について、行為が述べられます。

④は評価で、話者の感情や「話をする」という行為自体の意味付けを説明するものです。その話がいったい何だったのか、価値づける部分です。評価は、物語の存在の理由を示すものです。

⑤はことの結末で、結局何が起きたのかを述べる部分です。

⑥は話の締めくくりです。話の締めくくりを示すことによって、物語が始まった地点に語り手と聞き手を戻すことができます。物語の終わりと現在とのギャップを埋める特性を持ち、語られる複雑な行為の連鎖を終わらせ、それ以降の出来事が語りに重要でないことを示します。

これらの要素がすべて語りに含まれるわけではありません。また順番もこの通りであるわけではありません。思い出した順に語られる場合もあるでしょう。多くの体験談を集めた結果、これらの要素を含んでいることが多いということです。

ラボフの研究では、このような構造はよく整った語りに現れるものを単純な形式で示したもので、実際の談話は行為の詳細化の部分だけだったり、逆にもっと複雑に入り組んだり埋め込まれたりしたものだったりして、多様な語りがあることが示されています。最も単純な、「語り」の最小限の定義としては、二つ以上の出来事が時系列にそって並んだというものです。多くは「そして」「それから」など時間的連結点を持ち、時間の順序通りに配置されます。例えば、

（4）「私は太郎を知っている。」

というのは時間的連結がないので語りではないことになります。一方で、

（5）「太郎が歩いていた。看板が突風で飛んできた。太郎はそれに当たって怪我をした。」

は、語りでありえます。太郎の近況として語られるかもしれないし、ある日の事件として語られるかもしれません。あるいは、単に事件の記述ではなくて「だから気をつけよう」とか教訓めいたものを含んでいるかもしれません。

ところで自分が何かの話をして、「え、それで？」「だから何なの？」など、関心のない反応をされたことはないでしょうか。ラボフの研究では、最も重要な要素は、物語節に加え、評価部分であると指摘されています。語りが「一体何の話だったのか」という語りの価値を占める評価や動機付けは語りに重要な要素だと述べられています。

このことについてラボフは、語りは単なる事実の報告ではなく、その意味するところ、顕著さを伝えるものであると述べています。このため、クライマックスが話のどこであり、そのクライマックスを聞き手がどう受け止めるかは語りの達成にとって重要な意味を持つことになります。クライマックスは語りの展開における頂点であるので、クライマックスを迎えると語りは終結を予期させることになります。語ることは単なる情報伝達ではなく、語る内容の価値や意義を伝え、共有することであるため、クライマックスを迎えると語りの最重要部分が提示されたことになり、終結を予期させることになるのです（甲田二〇一三）。

私は以前、雑談中に自発的に生じた体験談について調査したことがあります。多くの体験談には「〜と思って」「〜って言って」と、体験した当時の発言や思考の引用表現が多く用いられていることに気づきました（甲田二〇一三）。自発的に生じた体験談は、自身の体験を聞き手と共有すべく話されることが多いのですが、当時の状況を直接的に再現するために「わ〜うれしい！って思って」「ちょっと待ってって言って」などと引用表現（「〜と／って」のように発話や思考などを取り込む表現）が多用されていました。

引用表現の特殊性はこれまでも指摘されています。ホルト（Holt2000）は、定型的なジョークや面白い逸話のクライマックスが引用された発話によって構成されていることを指摘しています。引用表現は語り手に、解釈や言い換えの影響なしに、思考・発話を直接「示す」ことを可能にするものです。発話や思考の直接的提示は、なぜ面白いのかを語り手が明確に言ってしまうのではなく、受け手自身がそれを見つけることを可能にする「しかけ」として用いられているのです。思考・発話を説明や解釈で包むことなしに、直接示すことによって、受け手は語り手の体験をあたかも直接的、一次的に得たかのような気持ちになるのです。

二．コミュニケーションとしての語り

私たちが雑談の中で体験談を披露するとき、相手に何か伝えたい、自分が経験した事を相手と共

有したいという意図があると思います。こう考えると、語りにはコミュニケーション機能があるといえます。

会話分析の創始者の一人、サックス（Sacks1992）は、雑談の中で自発的に生じた語りの分析をしました。会話分析というのは実際の会話を録音、録画したものを細かに文字転記して、その中に見られるやりとりを分析する分野です。サックスはその中で共通の趣味を持つ仲間同士がいくつも自分の体験談を披露し合っていく様子を分析しました。このように体験談が連鎖することがあります。ところで体験談が連鎖するとき、会話に参加している人達はバラバラに自分の話を語っているのでしょうか。連鎖の仕方を見ると前の話がきっかけとなって次の話が語られるということが多くあるように思います。

語りが連鎖するとき、前の語りに続いて生じた語りをサックスは第二の語りとよびました。連鎖する語り（第二の語り）は、第一の語りに関連のあるように会話参加者によって組み立てられていることを指摘しています。

私は以前、大学生の会話を録音して分析した際、複数の人の体験談が連続して生じる現象を調べたことがあります（甲田二〇二〇）。どのように二つ以上の語りが連鎖しているのか、第二の語りはどのように開始され、どのように終結するのかを調べました。

そこで観察されたことは、第二の語り手は、第一の語りに対して共感を示したり対比的に示すことで自身の語り（第二の語り）を続けていたということです。連鎖する語りは志向するトピックとして同等のものとなるように組み立てられていました。第二の語りの開始部分は第一の語りとの関連性を示すことで、これから語る語りがその時その順番で語られるにふさわしいという正当性を示していました。

このことから第二の語りを観察することで、会話参加者がどのように第一の語りを理解したかを伺い知ることができます。前の話者に引き続いて自らの語りを語ることで共感や連帯感を示したり、あるいは相手との距離を示すなど、語り手がどのように前の語りを聞いたのかを示しているといえるでしょう。

マルホランド(Mullholland1996)では、職場の休憩時間に仲間同士で交わす会話において、語りの提示が連帯感を強める重要な役割を担う様子を描いています。簡単な語りを提示することは自分を気軽に開示でき、社交性を損なうことなく経験を共有することができます。語りが正しく受け取られれば、他者の語りを導くのにも使えます。次の人が会話に入ってきやすい、介入しやすい語りを提示することにより、相互に会話を展開していくことができるのです。

会話の中で会話参加者はどのように連帯を示しているのでしょうか。マルホランドが整理しているように、例えば、誰かが話しているときに聞き役に回ることや、テレビや映画などの共通の話題を話すというのも連帯を示すことができます。しかしこれらは連鎖する語りのやり方に比べれば弱い連帯感であるともいえます。テレビや映画の話と違い、体験談の語りでは会話参加者は自らのものの見方を提示することができます。誰かの語りを受容し、その語りに続けて自身の語りを話すことによって経験を共有するというのは強い連帯感になります。

雑談中に生じた語りは、会話参加者によって即興で作られたものであり、あらかじめ準備されたものではありません。にもかかわらず語り手は、その状況で語りを達成し、続く語り手も語りの共有の仕方の一つの方法として、他者の語りにそれ相応の語りを連鎖させていました。自らの経験談を語ることによって自分のものの見方を示し、会話参加者の連帯意識を高めることが行われていました。マルホランドのいう連帯意識、すなわち、会話参加者がどのように語りによって自分の立場を確立していくかという点が観察できるのです。

三．物語による保存

物語には何かを保存する機能があります。『古事記』が物語を含み、物語の中に歴史の伝承が含まれていることも、物語としての保存の例です。

松岡正剛（二〇〇一）は、古代の情報システムは「物語」という様式によってファイリングしてきたことを述べています。ギリシア神話や旧約聖書の例をひいて、物語という様式をもった情報管理システムだったのだと述べています。これに対して、図像による情報管理として、曼荼羅を挙げています。たくさんの枠組と位置と色彩によって構成された曼荼羅は、そのおびただしい数の神々のイコンをクリックすることで、さまざまな情報を引き出せるようになっていたと述べています。

では、曼荼羅のような図像と、物語とは何が違うのでしょうか。図や絵は一度に情報が提示されますが、物語は始めから順番に提示されるという違いがあります（甲田二〇〇九）。そもそも言葉は多くの情報を一回で提示するのではなく、順番に提示するという性質があります。ということは、言葉の場合は、提示の順序や方向性が重要になってくるということになります。それは松岡氏によれば、図像の本質がコンフィギュレーション（図形配置）にあるのに対し、物語はカナリゼーション（運河化）であるということです。物語では情報は順番に提示されるので、その順番や注意の引きつけ方が重要になってくるのです。読み手や聞き手に物語のどこから始め、何に注目してどの視点から描くかという語りの方向付けが重要となるのです。

この点で、物語をどこから語るのかという語りの立脚点、視点や、その話が誰の体験であるのかという人称（一人称小説／三人称小説）など、語りの構成要素が重要となってきます。

四．語りの構成要素

ここでは物語の構成要素について見ていこうと思います。

物語には、語り手がいて、「昔々のことでした。ある村に一匹の～」と場面や時代設定を説明したり、物語の教訓や解説を挟んだりするタイプの物語があります。たとえば「それでお姫様は幸せにくらしましたとさ、おしまい」など締めくくりに評価を示す表現で解説を挟む場合です。この場合は、語り手が顕在化していて、物語が語り手によって読者や聞き手に届けられるように感じます。これに対し、ナレーターのいないドラマのように登場人物のセリフや行動を描写して話が進行するものがあります。ドラマでも映画でも、それを作った制作者は存在するわけなのですが、あたかも直接出来事を追体験するようなしくみになっています。

この区別は、古く、プラトンの『国家』に見られます。伝達をする人が「語り手」なのか「映し手」なのかという区分で、これによって演劇と物語が対比されるわけです(甲田一九九八)。映し手とは、演劇やドラマの登場人物が該当します。演じることで物語を「映し」出すのです。ちなみにプラトンは語り手によって語られる物語こそが真の物語であると述べています。このような語り手が存在するか否かとは、述べ方(叙法)、つまり物語を伝達するものの存在についての区分です。映し手は、考えたり、感じたり、知覚したりするのですが、語り手のように読者に向かって語りかけない作中人物です。この場合読者は、映し手である作中人物の眼を通して物語の他の人物たちを眺めます。語り手によって「物語られる」わけではないので、描写の直接性の印象が生まれます。描写の直接性の錯覚が語りの媒介性を覆い隠しているといえます。語りの媒介性において、演劇と物語は区別されます。

スタンツェル(Stanzel1979)は、物語を特徴づける構成要素として、叙法の他に、人称、遠近法を挙げていて、包括的に実際の言語形式との対応を論じています。

人称には、典型的には一人称小説と三人称小説があります。一人称小説では、語り手と作中人物の存在領域が同一ですが、三人称小説では異なります。一人称小説では「わたし」によって物語が語られるので、語り手と作中に登場する登場人物（わたし）は同一なわけです。一方、三人称小説では、作中に現れる登場人物、たとえば「桃太郎」ですと、「桃太郎」「おじいさん」「おばあさん」など三人称の登場人物と語り手とは別の存在領域にいるわけです。

二〇一七年に出版された『桃太郎が語る桃太郎（一人称童話）』（文・クゲ ユウジ、絵・岡村優太）は、「ぼくは鬼がこわいと思いました。」というように一人称の「ぼく」が物語を語るスタイルで作られています。「昔々あるところに…」のように三人称、いわゆる「天の声」で描くのではなく、一人称「ぼく」が体験し、感じる世界が、一人称によって語られています。同じ物語でも、語る視点を変えることによって、淡々とした出来事の連鎖を外から描く物語から、恐怖や喜びを感じる本人の内面を描く物語へと変貌するわけです。

語る視点のことを遠近法とよびます。視点とよんでもよいですし、どこから語るかというと立脚点といってもよいでしょう。物語の中の現実を知覚したり、描写する際の視点がどこにあるか、という概念です。

遠近法は、内的遠近法と外的遠近法があります。外的遠近法は、物語の中の現実を知覚したり、描写する際の視点が作中人物の外部もしくは出来事の周辺にある場合で、対象は外側から一定の距離を置いて眺められます。一方、内的遠近法は物語の中の現実を知覚したり、描写する際の視点が作中人物の内部もしくは出来事の中心に置かれ、内側の視点から対象を直接的に観察する手法です。

ということは、作中人物の体験として物語が展開されるのです。例えば先ほどの一人称の「桃太郎」では、出来事を報告する主体、桃太郎の体験野として理解されますから、より高度に現前化されています。読者は媒介者なしに、直接物語世界を目の前にしているような錯覚を抱くのです。

五．ドラマと映画

ドラマや映画として物語が描かれる場合を考えます。この場合、映像の中で登場人物の台詞、表情、動作などによって物語は描かれます。映像化されているので、一見、実際の出来事に近いと思われるかもしれません。しかし、これらにおいても、起こったであろうすべての出来事が縦横無尽にドラマ化されるわけではありません。起こった出来事と語られた出来事には隔たりがあり、出来事は、省略、強調、拡大、要約などの手法を経て、ドラマ化されます。甲田（二〇〇三）ではドラマにおける展開と構成について扱いました。

たとえば多くの探偵ものでは、話を実際に起こった順番では提示せず、事件の謎をサスペンスとして保持することにより、視聴者の推理をかき立てるよう工夫されています。事態の提示の順序は、視聴者の興味をひくような、時間的に意味のある配列にすることで物語性は強まります。「名探偵コナン」、「刑事コロンボ」、など事件の発覚とその解決の提示の順序には、探偵や刑事という問題解決者の推理力が巧妙に描かれています。

例えば、『犬神家の一族』（横溝正史原作、市川崑監督、東宝、一九七六年／JNN系列、一九七七年四月二日〜一九七七年四月三〇日　全五回放送／金曜エンタテイメント特別企画　FNN系列、一九九四年一〇月七日放送）では、出来事は次の順番でドラマ化されています。

『犬神家の一族』における出来事の提示の順序

d　犬罪の発覚（犬神家の遺産をめぐり次々と起こる連続殺人）
e　警察・探偵が調査
f　探偵が犯罪の謎a,b,cを明らかにする
フラッシュバック
a　犯人が犯罪を思いつく
b　犯人が犯罪を計画
c　犯人が犯罪を犯す

実際に起こった出来事はa〜fの順番ですが、a〜cはフラッシュバックとして物語の進行中に過去の出来事として再現されています。探偵物の中でも、『警部補・古畑任三郎』（三谷幸喜脚本、FNN系列、一九九四年四月一三日〜一九九四年六月二九日放送［第一シリーズ］）［警視庁捜査一課警部補・古畑がこれまでに見破った天才犯人の完全犯罪を紹介する形で進行する一話完結の推理ドラ

マ」では、出来事はa～fの順番で提示されています。犯罪a～cの部分は物語の冒頭で視聴者に提示されるので、視聴者は犯人を知っているわけです。ドラマの面白さは、どのように古畑警部補が数少ない証拠から犯罪を解き明かすかに焦点が置かれています。

創作作品では、視聴者を惹きつけるために、さまざまな趣向が凝らされています。そして制作のための技術は映画のシナリオ術に関する本として数多く出版されています。

六．語ることの効能

これまで、語り＝物語として、つまり、一定のまとまりをもった話について見てきました。しかし一方で、一定のまとまりを持たなくても普段の会話の中でもひとしきり何かを語る行為は行われています。広い意味での語りです。ここでは何かを語ることで私たちは何を得ているのかということを見ていこうと思います。

私たちは仲間と、とりとめもなく語り合い、会話をすることがあるかと思います。このとりとめもない話、すなわち雑談について最近、注目が集まるようになってきました。雑談の魅力ですとか、雑談力という言葉も聞かれるようになってきました。どうやって話を盛り上げたらよいのか？　あらたまったスピーチだけではなく、普段の雑談での話し方の本まで現れるようになってきました。ここでは雑談について少しみていこうと思います。

清水崇文（二〇一七）は『雑談の正体』という本の中でダンバー（Dunbar1998）の説を紹介しています。それによると、相手との良好な社会的関係を構築したり、維持したりすることを目的として行われる雑談こそがヒトの言語の原点であり、そうした言葉のやりとりはマリノフスキー（Malinowski 1923）の言う「交感的言語使用」であり、これは猿の毛繕いから発達したものと述べています。

これは、つながりの強さを確認するために行われる雑談です。初対面の相手には天気の話題から始めるという人も多いかもしれませんが、家族や仲良しの友人と「いい天気だね」、「最近めっきり寒くなったね」なんて天気の話をするのは、かなりよそよそしい（清水、四九）というのです。たしかに、つながりの強さを求めるのであれば、同じ天気の話題でも、もう一歩踏み込むことが必要で、「すごい雨ですね」「（湿気が多いときに）ムシムシしますね」など、少し強調してちょっとした被害を共有するというのは連帯感につながります。

私は以前、東日本大震災後の雑談を観察したことがあります（甲田二〇一三、二〇二〇）。震災の被害は甚大なものでしたが、私が観察したのは、死者や怪我人が出たという場合ではなく、仙台市内で被災したものの、無事ではあったのですが、食べ物や生活に支障が出たという大学生の会話でした。会話参加者は、自分の体験した話、見聞きした話について、体験談を披露することで相手と共感し合い、笑いや怒りといった感情を共有していました。

この調査で特徴的なのは、会話内で自発的に生じた語りについて観察している点です。たとえば社会学的インタビューで多くある方法では、語る人と語られる人（物語を聞く人）の役割は固定しています。調査者が聞き出した話の内容に研究の焦点が置かれます。例えば戦争体験ですとか、出産の体験について、一回あるいは数回にわたって話を聞き出しますが、たいていは調査者は聞き手役で、被調査者は話す人です。

これに対し、会話分析という分野で行われる手法では、会話に参加している人がどのように語りを開始するのか、そしてそれを語りの受け手になる人がどのように受け止めるのかを分析します。会話分析では実際の会話をビデオ録画し、やりとりを文字化して詳細に分析します。

こうして分析すると、体験などのまとまった話を語るとき、語りはいきなり開始されるのではなく、開始できる場所で相手の反応を見ながら手順をふんで語りは開始されていました。こう考えると、実は、雑談の中での語りとは、語り手によって一方的に開始されるものではないのです。聞き手が聞き役に回ってくれるからこそ、成立するのです。

震災の被害の大きさから、倫理的に言及しておきますと、この調査の会話は友人同士のくだけた会話で、終始冗談を言い合い、笑いを伴った、うちとけた会話でした。しかし、会話参加者のうち、同様の被害を経験していない場合には、震災の体験談は共有される武勇伝や笑い話としてではなく、しんみりした被害の話となっていました。

このことから考えられるのは、話が盛り上がるときにお互いの共通点を見つけられるかというのは非常に重要だということです。誰かの話を聞いて、それへのリアクションとして、「それは大変だったね」というのも共感の示し方ですが、もっと具体的で連帯感が高まるのは、自分自身の経験から相手と同等の話を持ってきて、相手の語りの後で語ることです。そうすることによって、お互いに経験を分かち合うことができ、同等の立場に立つことができるのです。

ただ、この反対に同等の立場に立って共感することがはばかられるということもあります。震災を経験していない参加者がいた場合に、同等の経験談を連鎖させないのは、やはり震災を経験していないのだから同類の話として持ち出すことが躊躇されるからでしょう。この場合には、他の自分の苦労話を同等のものとして語るよりも、「それは大変でしたね」と一定の距離をもって受け止める方が丁寧だと思われたかもしれません。

相手の経験談のあとに、それと同類のものとして自分の経験談を語ることは強い連帯感を示すことになりますが、この一方で、相手の経験談と同類のものとして語ってよいかにも配慮して会話しているのです。

齋藤孝（二〇一〇）に、一問一答は拒絶と同じで、一問二答以上が返しのルールということが書かれています。聞かれたことだけに答えるのでは会話が広がらないというものです。かといって相手が興味の無い自分の話ばかりするのも身が引けます。この本の中で述べられているのは、多数派の中の少数派同士というのは、非常に打ち解けやすいというものです。仲間意識という意味では、同じトラブルに巻き込まれているという状況が雑談を成立しやすくすることがあるというのです。ですから、同じ被害に会った者同士というのは雑談のチャンスなのです。

おわりに

これまで物語、語りについて見てきました。言葉を紡いで織りなされる物語、それは昔話などの物語であっても、雑談中の語りであっても、どちらも言葉が単に情報を伝えるために機能しているのではないということです。マリノフスキーの言葉で言うと交感的コミュニケーションということになります。

マリノフスキーは言葉の機能として、交感的（phatic）コミュニケーションと情報交換コミュニケーションを指摘していますが、交感的コミュニケーションは原始社会における言語機能にとって最も重要なものだとされます。言葉の機能というと情報伝達と考えがちですが、これまで見てきた物語の機能は、言葉の交感的機能を示すものです。交感的とは、言葉の内容ではなく言語使用それ自体が他者との間の社会的な役割を担うものです。例えば挨拶は他者との交流を目的とした一連の言葉です。

人々の語り合いは連帯感を高め、共感を得るという交感的機能を持っています。実際、マリノフスキーも、人々が目的もないゴシップ、うわさ話をして集まることを挙げています。雑談中では、体験を語ることにより、自分の価値観を示したり、共感を示したりすることができます。相手との距離感を調整することに一役買っているのです。これは情報伝達というよりも、互いの交流を意図して使われる言語の例です。

本論の最初に、子供が眠る前の絵本の読み聞かせの例を挙げましたが、これには癒やしの機能があるでしょう。物語は事実報告などではなく、鑑賞としての言葉であったり、ときには私たちを運ぶゆりかごにさえなるのです。物語という乗り物に乗って物語の導入から終わりまでを旅し、ときにはそのゆりかごに乗って眠りに誘われたりするものなのです。

【註】

(1) 本講座で話した内容は引用文献にある拙著の知見にもとづいています。

(2) 昔話「桃太郎」は、伝承であるので明確な典籍に基づく話ではありませんが、児童向けの絵本では、そのあらすじに一定の固定化が見て取ることができます。一例を挙げると、民話・童話を収集した福娘童話集（http://hukumusume.com/douwa/pc/jap/08/01.htm 2022/10/10最終アクセス）にも見られます。民話収集家の松谷みよ子は、童心社から出ている『松谷みよ子むかしむかし ももたろう』（一九九三）において、岡山や兵庫における伝承におけるバリエーション（栗や蟹、臼が闘いに参戦すること、桃太郎が「食っちゃあ寝」のおおらかさで描かれること）を紹介しています。このことからも、これらのバリエーションの根底に、現代における桃太郎が伝承の固定化を経ていることがうかがわれます。

【引用文献】

甲田直美（一九九八）「接続詞と物語叙法」『表現研究』67. 表現学会 pp.19-26.
甲田直美（二〇〇一）『談話・テクストの展開のメカニズム―接続表現と談話標識の認知的考察―』風間書房

甲田直美（二〇〇三）「ドラマに見られる話題の展開と構成」『日本語学』22. 明治書院 pp.34-43.
甲田直美（二〇〇九）『文章を理解するとは―認知の仕組みから読解教育への応用まで―』スリーエーネットワーク
甲田直美（二〇一三）「名詞修飾節による「語り」の終結―「みたいな」「っていう」の表現性と談話機能―」児玉一宏・小山哲春（編）『言語の創発と身体性』ひつじ書房 pp.431-447.
甲田直美（二〇一四）「語りの達成における思考・発話の提示」『社会言語科学』17-2. pp.1-16.
甲田直美（二〇二〇）「連鎖する語り」『東北大学文学研究科研究年報』pp.166-142.

【引用文献・他の著者によるもの】

齋藤孝（二〇一〇）『雑談力が上がる話し方―30秒でうちとける会話のルール』ダイヤモンド社
清水崇文（二〇一七）『雑談の正体』凡人社
松岡正剛（二〇〇一）『知の編集工学』朝日新聞出版
Dunbar, Robin (1998). *Grooming, Gossip, and the Evolution of Language.* Cambridge, MA: Harvard University Press.（松浦俊輔（翻訳）『ことばの起源―猿の毛づくろい、人のゴシップ』二〇一六）
Holt, Elizabeth (2000). Reporting and reacting: Concurrent responses to reported speech. *Research on Language and Social Interaction*, 33(4), 425–454.
Labov, William (1972). The transformation of experience in narrative syntax. *Language in the Inner City*. Philadelphia, PA: University of Pennsylvania Press.
Labov, William & Waletzky, Joshua (1967). Narrative analysis: Oral versions of personal experience. In J. Helm (Ed.), *Essays on the Verbal and Visual Arts*. pp. 12-44. Seattle, WA: University of Washington Press.

Malinowski, Bronislaw (1923). "The Problem of Meaning in Primitive Languages", in C. K. Ogden and I. A. Richards eds. *The Meaning of Meaning*, San Diego, New York, and London: Harcourt Brace Jovanovich, Chap. Supplement 1, pp. 296–336.

Mulholland, Joan (1996). A series of story turns: Intertextuality and collegiality. *Text*, 16-4, pp.535-555.

Plato. *Platonis Opera, 5 vols.*, Translated by J. Burnet, Oxford Classical Texts. 1899-1906. （底本）（田中美知太郎・藤沢令夫（訳）『プラトン全集11・クレイポトン・国家』、岩波書店、一九七六）.

Propp, Vladímir (1958). *Morphology of the Folktale* [1927]. (Svatava Pirkova-Jakobson(ed.), Laurence Scott(tr.)) Indiana University.

Sacks, Harvey (1992). *Lectures on Conversation*, vol. 2, Blackwell.

Stanzel, Franz Karl (1979). *Theorie des Erzählens*. Gottingen : Vandenhoeck und Ruprecht. (Charlotte Goedsche (tr.), *A Theory of Narrative*, 1984, Cambridge: Cambridge University Press.)

Thorndyke, Perry W. (1977). Cognitive structures in comprehension and memory of narrative discourse. *Cognitive Psychology*, 9, 77-110.

記憶の「不確かさ」を語ること
―川端康成の文学とモダニズム―

仁平政人

2 記憶の「不確かさ」を語ること
―川端康成の文学とモダニズム―

仁平政人

はじめに

川端康成は、日本で最初のノーベル文学賞受賞者ということもあって、近代以降の日本の文学者の中でも知名度の高い一人として定着しています。特に小説「伊豆の踊子」や『雪国』が代表作として（いわば代名詞のように）知られており、両者のイメージとあわせて、その文学世界はしばしば「抒情的」・「日本的」・「伝統美」といった言葉で語られています。また、近年の「文豪ブーム」の中では、キャラクター化されて新たな形で受け入れられています[1]。

ですが、その知名度の高さと比べて、川端の小説そのものは今日広く親しまれているとは言えないように思われます。実際、代表作『雪国』の冒頭の一文「国境の長いトンネルを抜けると雪国であつた」はよく知られていても、『雪国』を通読したことがある人はそれほど多くはないでしょう[2]。また、夏目漱石や芥川龍之介、太宰治、宮沢賢治などのように、国語教科書の定番教材として親しまれている作品があるわけでもありません。もちろん、川端の小説の大半は文庫本などで容易に入手することができますし、特に「眠れる美女」や「片腕」などは、熱心な愛読者を多く持っています（そのような読者からは、川端は耽美的な作家、また幻想的な作家としてイメージされているかも知れません）。ですが、一般には川端の小説はやや古めかしい、現在とのつながりが薄い「文学」として、敬して遠ざけられている面があるように思います。

実際のところ、川端康成の作風はとても幅が広く、奇抜な実験的小説もあれば少女小説もあり、今日でいうところのＳＦやミステリー的な作品もあるなど、一般的な川端のイメージに到底収まらないような多様な小説を執筆しています。そしてその文学的な試みは、今日にあっても古びない性格を持っているように思われるのです。(3)

本章で取り上げるのは、川端の文学の重要なテーマの一つである、「記憶」と「忘却」の問題です。川端は随筆などで、自分の記憶力が「極端に悪い」ということをたびたび語っています。――「記憶は作家の資格の一つだし、だいたいの作家は記憶がいいやうである。また、人生の一部分はその人の過去の記憶であらう。私の生はその一部分を欠いてゐる」（「「文芸春秋」ゆかりの人たち」、一九六八・六）。

右に挙げた文章で、川端は記憶を「作家の資格」だとしながら、自分はそれを欠いていると言います（文字通りに受け取れば、自分を「作家失格」だと語っているかのようです）。それにもかかわらず、川端は「記憶」と「忘却」というモチーフにこだわり、小説の中で繰り返し取り上げています。ここには川端の文学の特性に迫る、一つの鍵があるように思われます。

一・記憶・忘却・物語

まず「記憶」や「忘却」というテーマと、その文学との関係について、一般論的なことを簡単に確認してみましょう(4)。

そもそも、「昔、男ありけり」から始まる「伊勢物語」や、「今は昔、竹取の翁といふものありけり」から始まる「竹取物語」などを例にするまでもなく、歴史を遡れば、物語には過去にあったことを記憶し語り伝える、共同体の伝承という性格が広く認められます。個人の表現であることを基本とする近代以降の小説においても、回想という枠組みを持つ、すなわち過去の出来事（体験や見聞）についての記憶を語り、他者に伝えるという形式をとる作品は、一般的と言えるくらいよくみられるものです。（著名な小説を例に挙げれば、夏目漱石の『こころ』では、「先生」が遺書という形で、語り手の青年に自らの抱えてきた過去を打ち明け、「記憶して下さい。私はこのように生きてきたのです」と呼びかけます。）このような形式のもとで、小説の語り手（また登場人物たち）は往々にして、不自然なまでに記憶力が優れた存在――過去の出来事や情景、また人の言葉を事細かに記憶し、克明に再現することができる――になりがちであることも確かでしょう。

そしてこのことは、単に文学やフィクション的な物語にだけ限られたことではありません。確認したいのは、様々な学問領域で指摘されるように、私たち人間にとって、物事を認識することと「物語」とが密接な関係を持っているということです。例えば、社会学者・浅野智彦氏は「自己」の成り立ちについて、次のように論じています。――「自己イメージは自分自身のうちで――また自分自身に向かって――自己物語を絶えず語り続けることによって維持されているものだと考えられる。なぜなら自分がどんな人間であるのかということは、結局、自分について物語ることによってしか支えられないからだ」[5]。言い換えると、私たちが意識する「自分」というものは、あらかじめ確固としてあるものではなく、記憶の中にある過去の出来事や情報を選択し、因果関係などのもとで結びつける――すなわち一貫性を持った「物語」として構成する――ことで成り立つ。このような意味で、「記憶を物語る」ことは、人間が物事を認識し、思考する基本的なあり方と強くつながっているのです。[6]

さて、興味深いのは、現代の文学（さらには映画やドラマ、漫画など）では、しばしば記憶のもろさや危うさがテーマとされてきたことです。やはり巨視的な説明となりますが、特に一九世紀以降、記憶が単に過去を保存するものではなく、自己の同一性（アイデンティティ）を成り立たせるという考え方が広く共有されていくとともに、記憶のあり方やメカニズムについて、科学や哲学、精神分析学など様々な領域からのアプローチが行われていきます。そしてそうした状況ともあわせて、二〇世紀以降の文学では、記憶が持つ多様な側面――そのままならなさや危うさ、不可解さ――が、様々に取り上げられていくのです（世界の文学に目を向ければ、プルースト『失われた時を求めて』からカズオ・イシグロの諸作に至るまで、様々な傑作が例として挙げられます)。また、文学に限らず、「記憶喪失」というモチーフが幅広いジャンルのフィクションの中で取り上げられてきたことは、周知のことでしょう。もっとも、物語の中で記憶喪失は、しばしばご都合主義的な設定にもなってしまうのですが(7)。

ちなみに、意外と思われるかも知れませんが、「記憶」と「忘却」をテーマとした小説の一例として、高校の国語教科書でも広く読まれている中島敦「山月記」を挙げられるように思います。虎となってしまった男・李徴は旧友を前に、自分が「人間の心」をなくしつつあると述べ、「己が人間だった記憶がなくなること」をこの上なく「恐しく、哀しく、切なく」思っていると語ります(彼が生涯かけて執着した詩を友人に託し、後代に伝えようとすることは、このような思いと結びついています)。興味深いのは、李徴の次のような言葉です――「一体、獣でも人間でも、もとは何か他のものだったんだろう。初めはそれを憶えているが、次第に忘れて了い、初めから今の形のものだったと思い込んでいるのではないか?」。ここで李徴は、自身が「人間」であったことを忘れて「虎」になりつつある状況にあって、「人間」であるという同一性もまた、何かを忘れることから成り立つのではないか？と問いかけます。その上で、李徴は虎になってしまったという不可解な出来事を、過去の自らの生き方と因果関係的に結び付けることによって、「詩人に成りそこなって虎になった哀れな男」の物語として自らの生を把握し、他者に伝えようとするのです。このように「山月記」は、変身というテーマを通して、存在と記憶・忘却との関わりを深く問う小説という側面も持っているのです。

少し脱線してしまいましたが、このように、現代の文学（また幅広いジャンルのフィクション）では、記憶と忘却は重要なテーマとなっています。そして、日本の近代以降の作家のなかでも、特に記憶と忘却という問題にこだわり、作品のテーマとして持続的に取り上げ続けた作家として、川端康成が挙げられるのです。

二．「孤児」の記憶と忘却

川端康成は、一八九九（明治三二）年に生まれ、一九七二（昭和四七）年に自裁するまで、四〇年以上の長期にわたり活躍した作家です。世代に注目すれば、一九世紀がちょうど終わりを迎える頃に生まれ、一九二〇年代――すなわち第一次世界大戦以降の前衛的な芸術運動が世界的に広がっていくとともに、日本では関東大震災を挟み都市文化が急速に開花していく時代――に青年期を送った、いわば「二〇世紀の申し子」というべき世代の作家であると言えるでしょう。ちなみに、川端の盟友であった横光利一をはじめ、稲垣足穂や尾崎翠、宮沢賢治など、日本のモダニズム期を代表するとされる作家の多くが、同じ年代に属しています。

いささか視野を広げてしまいましたが、川端個人の生い立ちに目を向けましょう。三歳になる前に、川端の両親は相次いで肺結核で亡くなります。その後、康成少年は祖父母に引き取られますが、七歳の時に祖母を、十歳の時には離れて暮らしていた姉を、そして十五歳の時には唯一の肉親であった祖父を亡くし、天涯孤独の境遇となります。この家族を持たない「孤児」であるという自己意識は、特に初期の川端の小説において、重要なモチーフの一つとなっています（例えば「伊豆の踊子」の語り手「私」が、「自分の性質が孤児根性で歪んでゐる」という意識を抱えた人物であるように）。

ですが、ここで注目してみたいのは、川端の文学においては、「孤児」であるということが、記憶・忘却というテーマと密接に結びついていることです。

次に挙げるのは、二十代の時の川端が執筆した「私小説」的な作品である、「油」（一九二五年）の冒頭です。

父は私の三歳の時死に、翌年母が死んだので、両親のことは何一つ覚えてゐない。母はその写真も残つてゐない。父は美しかつたから写真が好きだつたのかもしれないが、私が古里の家を売つた時に土蔵の中で、いろんな年齢のを三四十種も見つけた。そして中学の寄宿舎にゐた頃には一番美しく写つた一枚を机の上に飾つたりしてゐたこともあつたが、その後幾度も身の置きどころを変えるうちに、一枚残らず失つてしまつた。写真を見たつて何も思い出すことがないから、これが自分の父だと想像しても実感が伴はないのだ。父や母の話をいろんな人から聞かされても、親しい人の噂といふ気が矢張りしないので、直ぐ忘れてしまふ。

右で語り手「私」は、単に両親の記憶を持たないだけでなく、父や母についての話を聞いても、実感を持てないために記憶にとどめることが出来ない（忘れてしまう）のだと語ります。ここに見られるように、川端の小説において「孤児」であることは、両親の記憶をもたず、それゆえに自分に深いつながりのあるものとは捉え得ないという状態として示されます（このことは、家族関係が記憶により支えられているということに対する鋭い意識ともつながっています）。そしてそれは、子どもを両親や家庭を結びつけて捉えようとする通念的な考え方への疑いに、また「孤児」に悲哀や不幸を見出そうとするような「感性」や定型的な「物語」への抵抗にも結びついています。(8)

さて、この一節に続けて、いささか奇妙とも言えそうな、記憶に関するエピソードが記されます。ある年の正月、大阪の住吉神社に詣でて反橋を渡ろうとしたとき、「私」の意識の中に、幼いときにその橋を渡ったというおぼろげな記憶が浮かんできます。かつてこの神社に来たとすれば、まだ父が生きていた頃のことで、年齢からも父か母かに抱かれてでなければ反橋は渡れない。ところが、その記憶の中に両親の姿はなく、自分一人で橋を渡ったような気がする。――ここでは、両親にまつわる記憶が、「私」の意識から追い出されてしまっているようにさえ見えます。

ですが、この小説に示されるのは、単にこうした家族をめぐる記憶の欠如、忘却だけではありません。「私」は伯母から、両親の死の際に幼い自分が「仏壇の燈明を消せ」とむずかり、「かわらけの油」を庭に流させたという話を聞いたとき、その時の自分の姿をありありと意識に浮かべます。それとともに、自分の「油嫌い」は生来のものではなく、幼い時の心の痛み、悲しみに起因していたのではないかと思い至ります。

連絡もなく記憶してゐたことが、伯母の話を聞くと同時に、こんな風に一点に馳せ集つて、お互ひに挨拶を交し共通な身元を親しげに語り合ふのを感じると、私は自然に心が生き生きと明るんで来た。——幼い時肉親に死に別れたことが私に与へた影響に就て改めて考へてみたい心持になつた。

ここでは一つの「過去」が意識に浮かぶことを通して、他の断片的な記憶が「物語」として結びつき、そのことが自らの人生の再解釈につながっていくということが鮮やかに示されています。つけくわえれば、「私」は伯母の話を通して意識に浮かんだ幼い自分の姿が事実に照らしてみると疑わしく、「私が記憶と思ふものは多分空想なのだらう」と自覚をしています。それでも、「私」は意識に浮かんだ「怪しいなり曲つたなり」な〈記憶＝空想〉を「真実として懐しみ」、それを通して自らのアイデンティティを、また亡き肉親たちへの思いを再構築しようとしていきます。この小説では、人間の生と記憶および物語との微妙な関わり方が、繊細に示されていると言っていいでしょう。

別のかたちで、「記憶」の不思議さが示された作品として、「十六歳の日記」（一九二六年）にも目を向けておきましょう。この作品は、川端が二十七歳の時に発表されていますが、もともとはタイトルの通り、川端が十五歳（数え年で十六歳）のときの日記に注釈を交えて書き写したものとされています。先に触れたように、川端は唯一の肉親であった祖父を亡くしますが、この作品に収められているのは、祖父の死を前にした日々に、看護をしながらその様子や言動を書き記した日記にほかなりません。
ですが、本章で注目をしたいのは、日記の本文ではなく、「あとがき」と題された作中の一節です。語り手は、この日記が書かれてから十年後に見つけたものだと述べた上で、次のように記しています。

ところが私がこの日記を発見した時に、最も不思議に感じたのは、ここに書かれた日々のやうな生活を、私が微塵も記憶してゐないといふことだつた。私が記憶してゐないとすると、これらの日々は何処へ行つたのだ。どこへ消えたのだ。私は人間が過去の中へ失つて行くものに就いて考へた。

しかしとにかく、これらの日々は伯父の倉の一隅の革のカバンの中に生きてゐて、今私の記憶に蘇つた。（中略）私は忘れられた過去の誠実な気持に対面した。しかし、この祖父の姿は私の記憶の中の祖父の姿より醜くかつた。私の記憶は十年間祖父の姿を清らかに洗ひ続けてゐたのだつた。

ここには、二種類の記憶の不思議さが記されています。一つは、祖父を看病して過ごした日々が、一切記憶に残ることなく消えてしまったということの不思議。ここで日記は、喪われた過去の日々を書きとどめた記録であるとともに、唯一の肉親であった祖父の死に向き合った日々が、自分の内側に些かの痕跡も残さずに消えてしまったことを証言するものとなります。そしてもう一つは、自分の記憶の中の祖父が、日記に記された姿に比して洗い清められたものであったということ、言い換えれば、記憶が過去を作り変える働きをもつということです。こうした不可解な忘却や、記憶がもつ創造的な作用（過去の作り変え）は、以降の川端文学のモチーフにもつながっていきます。(9)

三、川端文学の展開―モダニズムと記憶―

さて、川端の記憶や忘却の問題への関心は、このような個人的な事情だけに由来しているわけではありません。ここで、川端の作家としての歩みに目を移してみましょう。

川端は旧制高校在学中の一九二一（大正一〇）年に同人誌『新思潮』に発表した短編「招魂祭一景」で好評を得て、作家として出発します。この当時は西洋の前衛芸術がさかんに紹介されるとともに、日本でも芸術の変革を目指す機運が多様な領域で生じた時代でした。川端もまた、表現主義やダダイズムなど前衛芸術から刺激を受け、既成の文学とは異なる「新表現と新精神の創造」（川端康成の日記、一九二三年一月七日）を目指す、モダニズム文学への志向を抱くこととなります(10)。関東大震災を挟んだ一九二四年、川端は横光利一や中河与一、片岡鉄兵ら新鋭の作家たちとともに、雑誌『文芸時代』を創刊。この『文芸時代』に集まった若い作家たちは、「新感覚派」と呼ばれるようになります。

その後の川端は、新聞小説として人気を博した『浅草紅団』（一九二九～三〇年）や、意識の流動的な動きを実験的なスタイルで描き出した「水晶幻想」（一九三〇年）、または亡くなった恋人に語りかける女性の一人称でつづられた「抒情歌」（一九三二年）など、多様なスタイルを駆使して多くの作品を生み出していきます。そして、一九三五年から様々な雑誌に分載され、敗戦後に完成した小説『雪国』（一九四八年）や、『千羽鶴』（一九四九〜五一年）、『山の音』（一九四九〜五四年）といった代表作を発表することによって、川端は文壇を代表する作家としての評価を確立します。

なお、敗戦の直後に「私は日本古来の悲しみの中に帰つてゆくばかりである」（随筆「哀愁」、一九四七年）といった発言を繰り返していたことを一因として、川端は戦後において、「日本的・伝統的な作家」とみなされるようになります。ですが一方で、川端自身は「新感覚派」という自己認識を終生持ち続けていましたし、『みづうみ』（一九五四年）や、「眠れる美女」（一九六一年）、「片腕」（一九六四年）、また未完に終わった晩年の小説『たんぽぽ』（一九六四〜六八）など、前衛的とみられる小説の試みを持続的に行っています。このように川端の文学において、モダニズム的な性格は形を変えながらも一貫してあったとみられるのです[11]。

では、こうした川端文学のあり方と、記憶と忘却というテーマとはどのような関係にあるのでしょうか。ごく大雑把な（またいささか固い）説明となりますが、モダニズムの芸術は、それ以前の芸術表現において前提とされていた約束事を疑い、新たな表現を生み出そうとする方向性を持っています。文学にあっては、整った（一貫性を有する）物語の形式を離れ、断片性を重視する傾向などが、その特徴の一つとして挙げられます。また、理性を重んじる近代の合理主義を批判し、人間の意識の流動的で不可解なありようを捉え、表現しようとする傾向も見られています。先に見たように、二〇世紀の文学が記憶の不可解さや危うさ、不確かさを取り上げてきたことは、このことと対応していると見られます[12]。川端における「記憶」と「忘却」のモチーフもまた、大きく見ればそのような文脈と関わっているると言えるでしょう。

川端において「記憶」のモチーフが、小説そのものに対する問いと結びついた興味深い一編として、小説「故園」（一九四三年）が挙げられます。この小説は、親戚の子どもを養子として引き取るために郷里に戻ったというエピソードを起点として、川端自身の幼少期や祖父・祖母にまつわる記憶などが語られていく、自伝的・「私小説」的とみられる小説です。ですが、いささかややこしいことに、この小説では序盤から、「なぜ書かうとするのか、自分でも不思議」だというように、その話題を書くことに対する抵抗感が繰り返し表明されます。そして「自身のことを書く」ことにまつわる本質的な困難が、延々と語られるのです。――自身のことも他人のことも正確に捉えることは出来ないし、仮に捉えられたとしても、それを表現する言葉と「実在」の間には埋めようのない距離がある。そして、私達は常に言葉を通して物事を考えている以上、「当初から言葉によつてしか、人を見るすべはない」……。このような表現にまつわる根底的な問いとともに、心に浮かび上がる記憶のありようを、その不確かさや虚構性もふくめて繊細に捉えること。こうした点に、小説「故園」が持つモダニズム的な性格が認められるのです。

四.『山の音』の記憶と忘却

さて、川端における記憶・忘却というテーマは、フィクション的な小説の中にも様々なかたちで表れています。

例えば、『雪国』の序盤では、主人公の中年男・島村が駒子に会いに向かう電車内で、彼女のことを「はつきり思ひ出さうとあせればあせるほど、つかみどころなくぼやけてゆく記憶の頼りなさのうちに」、指だけは彼女に触れた感触を覚えていることの「不思議」さが語られます。ここでは頭の中の記憶と、身体に宿る記憶との相違が、官能的ともいえるかたちで描き出されています。

また、いささか変わった例としては、「散りぬるを」(一九三三年)を挙げることができるでしょう。この小説は、ある事件で二人の女弟子を失った作家が、事件の記録文書を読みながら過去を振り返るという筋を持つ異色作です。その中では、犯人自身も犯行時のことを十分に記憶しておらず、過去の「事実」(事件の真相)とされるものが、警察官・裁判官と犯人とのやり取りの中で作られていった、「合作の小説」(=フィクション)でしかないということが明らかにされます。ここでは記憶へのまなざしが、社会的に「現実」とみなされるものが持つ虚構性を捉える視点にもつながっているのです。が、ここでは記憶と忘却を特に重要なモチーフとしている、戦後の二編の小説を取り上げてみたいと思います。

まず取り上げるのは、川端の代表作として知られる長編小説『山の音』です。『山の音』は短編連作として一九四九年から各誌に発表され、一九五四年に単行本として刊行された小説です。この小説は、会社重役を務める六十二歳の男・尾形信吾を主人公とし、妻の保子と息子の修一、そして息子の妻・菊子が夫婦とが同居する、尾形家を主な舞台とします（物語の途中から、信吾達の娘・房子も、夫と別れて二人の子を連れて尾形家に戻ってきます）。敗戦後の社会の中では恵まれた家庭のように見えますが、修一は戦争帰りで心に傷を負っているらしく、家の外に戦争未亡人の愛人をもっており、菊子はそれを苦にしてか、妊娠しながらもそれを隠してひそかに子どもをおろす。房子の夫・相原は麻薬中毒で犯罪に関わり、別の女との心中事件を引き起こす…など、様々な問題を宿しています。また信吾も心の内で、一方には「死」の予感にさらされながら、一方では菊子からかつて憧れた義姉を思い出し、密かな恋情を抱いています。こうした幾重もの危うさを含みこんだ日々の移ろいを、この小説は信吾に寄り添う視点を通して描き出していきます。

さて、本作で注目したいのは、信吾が年齢の割に記憶力が衰えた人物と設定されているということです。次に挙げるのは、この小説の冒頭部です。

尾形信吾は少し眉を寄せ、少し口をあけて、なにか考へてゐる風だつた。他人には、考へてゐるとは見えないかもしれぬ。悲しんでゐるやうに見える。

息子の修一は気づいてゐたが、いつものことで気にはかけなかつた。

息子には、父がなにか考へてゐると言ふよりも、もつと正確にわかつてゐた。なにかを思ひ出さうとしてゐるのだ。

このように信吾は、日常的に何かを忘れ、思い出そうとする人物として登場します（小説序盤では、家族全員が、信吾を助ける「記憶係りの役目」を果たしているとされています）。ちなみに、冒頭で信吾が思い出そうとしているのは、数日前まで家にいた女中の名前と、その姿です。こうした日常化した忘却は、信吾にとって「軽い恐怖」を伴うものですが、息子の修一が気にかけないように、その思いは他者に共有されることはありません。そしてこのような忘却に、信吾はひとり、自分の人生が失われていくような思いを抱いています。

ですが、信吾は単に健忘症的に様々なことを忘れていくというだけではありません。一方で信吾は菊子が側にいることにより、「思い出に稲妻のような明りがさす」ように少年の頃に憧れた保子の美しい姉の面影を思い起こします。日常的な忘却と、不意に訪れる遠い過去の想起。その双方が最も鮮やかに絡み合う場面として、最終章「秋の魚」の冒頭場面に目を向けましょう。

ある日の朝、信吾はネクタイを絞めようとして、不意に結び方を忘れてしまう。四十年のあいだ毎日結びつづけ、考えるまでもなく自然に結べたはずのネクタイが急に結べなくなったことに、信吾は「不意に自己の喪失か脱落が来たのか」という恐れをおぼえます。その後、菊子もネクタイを結ぶことはできず、保子が信吾のネクタイを結ぼうとする。次に挙げるのはその場面です。

信吾は仰向かせられて、後頭部を圧迫してゐたせいか、ふうつと気が遠くなりかかつたとたんに、金色の雪崩が目ぶたのなかいつぱいに輝いた。大きい雪崩の雪煙が夕陽を受けたのだ。どおうつと音も聞こえたやうだ。

脳出血でも起したのかと、信吾はおどろいて目を開いた。

菊子が息をつめて、保子の手つきに目を注いでゐた。

昔信吾が故郷の山で見た雪崩の幻だ。

「これでよろしいんですか。」

保子はネクタイを結び終へて、形を直してゐた。

信吾も手をやつてみると、保子の指に触れた。

「ああ。」

信吾は思ひ出した。大学を出て初めて背広を着た時、ネクタイを結んでくれたのは、保子の美しい姉だつた。


仰向いた身体の姿勢のためか、信吾の意識の中に、昔故郷で見た雪崩が鮮やかに浮かびます。そしてそれに続けて、信吾はネクタイを初めて結んでくれたのが他ならぬ保子の姉であったということを思い出します。ここでは、当たり前になっていたネクタイの締め方を不意に忘れることを通して、月日の経過の中で忘れ去られていた、あこがれの人に繋がる大切な記憶が蘇るのです（ちなみに、信吾はこのすぐ後、一度結べなくなったことが嘘のようにまたネクタイを結べるようになります）。日常的な記憶の安定性がほころびる中で、心の内奥にひそめられていた過去や抑え込められていた感情が、思いがけない形で浮かび上がる。このような記憶と生との結びつきを、『山の音』は鮮やかに描き出しているのです。

五．「弓浦市」を読む―他者の「記憶」―

『山の音』とはまったく異なる形で記憶のテーマを扱った小説としてあげられるのが、一九五八年に発表された短編小説「弓浦市」です。とても短く、簡素な作りの小説ですが、戦後の川端の短編中でも傑作と評される一編です。本文の展開に即して、少し丁寧に読んでみましょう。

九州の弓浦市で三十年ほど前に、お会ひしたといふ婦人が訪ねて来たと、娘の多枝に取次がれて、香住庄介はとにかくその人を座敷へ通すことにした。

小説家の香住には、前触れのない不時の客が毎日のやうである。その時も三人の客が座敷にゐた。三人は別々に来たのだが共に話してゐた。十二月初めにしては暖い午後二時ごろである。

四人目の婦人客は廊下に膝を突いて障子をあけたまま、先客に遠慮するらしいので、

「どうぞ。」

と、香住は言つた。

「ほんたうに、ほんたうに……。」と、婦人は声がふるへさうに、「お久しぶりでございます。ただ今は村野になつてをりますが、お目にかかつたころの旧姓は田井でございました。お覚えがございませんでせうか。」

右は「弓浦市」の冒頭です。初老の男性作家・香住のもとに、九州の弓浦市という土地で香住に会ったという一人の中年の婦人客が訪れます。彼女は、三十年前に香住が弓浦市に来た際に彼が自分の部屋にも来たのだと言い、その時の思い出を詳細に語り始めます。香住は婦人客が語るような過去を思い出せないものの、もともと記憶力が人並外れて悪いという自覚があるため、不可解に思いながら自分の記憶を探っていきます。以降、この小説は婦人客の語る思い出話と、それに揺さぶられていく香住の様子を中心に展開します[13]。そして婦人は帰りがけに、香住から「結婚しないか」と言われたと告げ、香住に衝撃をもたらします――「いかにもの覚えが悪くても、結婚の申しこみをしたことをまるで忘れ、その相手の娘をよく思ひ出せない自分に、おどろきよりも不気味だつたのだ」と。ここで香住は、自らの忘却のうちにあるものの大きさにおののくことになるのです。

以下、婦人客の記憶の物語について、具体的に見ていくことにしましょう。次に挙げるのは、婦人客が弓浦市について語る台詞です。

「新聞社の祝賀式が終つて、町の坂道を真直ぐ海の方へおりて参りましたでせう。今にも燃え上がりさうな夕焼けでございましたわ。屋根の瓦まであかね色のやうだ、あなたの首筋まであかね色のやうだつて、香住さんがおつしやつたの忘れませんわ。弓浦は夕焼けの名所になつてをりますつて、私、お答へいたしましたけれど、ほんたうに弓浦の夕焼けは今でも忘れられませんわ。その夕焼けの美しい日にお会ひしたのでございました。山つづきの海岸線に刻んで作つたやうな、弓形の小さい港ですから、弓浦といふ名になつたらしいのですけれど、その窪みに夕焼けの色もたまるんでございますね。あの日も、鱗雲の夕焼けの空が、よその土地で見るより低くて、水平線が不思議に近くて、黒い渡り鳥の群れが雲の向うへ行けさうになく見えましたでせう。空の色が海に映つてゐるといふよりも、空のあかね色をこの小さい港の海にだけたらしこんだやうでございました。旗をかざつた祭船が太鼓や笛を鳴らして、お稚児さんも乗つてをりましたが、その子の赤い着物のそばでマツチでもすつたら、ぽつといちどきに、海も空も炎になりさうだつておつしやいましたわ。ご記憶ございません?」

彼女によると、弓浦市は山続きの海岸線に作られた小さな弓形の港を持ち、夕焼けの美しさで知られる土地です。その夕焼けの中で、土地の小さな神社の祭りが行われ、祭船からは囃子の音が聞こえ、子どもは祭り装束を身にまとい、また神社の椿の木は小さな花をつけている……。ここに見られるのは、確かに日本のどこかにありそうと思わせる、そしてノスタルジーを誘う風景であると言えるでしょう[14]。香住も婦人客の語りに誘われて、この風景を見たことがあるように頭に浮かべます。

ですが、婦人が語る弓浦の様子は、そうした面だけにとどまりません。あらためて、右の傍線部をみてみましょう。そこは、空や水平線が他よりも「近く」、渡り鳥も「向うへ行けさうに」ないというように、遠近が「不思議」に歪み外の世界から閉ざされているかのようで、あらゆる事物は過剰なまでの「赤」により染上げられています。子供の着物を着火点として「ぼつといちどきに、海も空も炎に」なるという不穏な空想も含めて、彼女の記憶の中の弓浦が、ある異様さをひそめていることが見て取れるでしょう。この異様さは後で触れる、本作の結末ともかかわるとみられます。

さて、彼女は、「私の一生を通して、弓浦はいい町でございましたわ」と、弓浦市で過ごした期間を人生のなかでも特別な時であったと語ります。婦人客によると、継母と合わず親元から離れて弓浦市に来た彼女は、反抗心から新聞社に就職し、長く伸ばしていた髪を短く切って(昭和初めの言葉で言えば)断髪のモダンガールとなった。その新聞社設立の祝賀会で、若き日の香住に出会い、関係を結び、結婚を申し込まれたのだといいます。その後、彼女は実家に呼び戻され、すぐに結婚させられてしまった。その意味で、彼女にとって弓浦にいた期間は人生で唯一、親や家に縛られることなく自由に生きることのできた、そしてその中で出会った魅力的な男性と結婚する可能性を持ち得た時期として、特別な意味を与えられているとみられるのです。

この弓浦の「思い出」が、婦人客が語るその後の人生の物語と、対照的だということは注目できるでしょう。彼女は親の決めた相手である沼津の神社の神官と結婚したが、夫婦仲は悪く、戦後にあって生活はしだいに苦しくなり、夫が問題を起したため現在は東京へと家出をしてきている……。ちなみに、古めかしい「富士額」に結った現在の髪と、弓浦にいた頃の断髪、沼津の大きな神社の杉の木と、弓浦市の神社に植えられた椿の花――というように、婦人客の語る過去と現在とは、細部の要素においても明確に対照をなしています。

このこととあわせて、婦人客は「今の主人と結婚いたしましてから、なさけないほどもの覚えが悪くなつた」、「忘れないでおかうといふほど、しあはせなことがない」とし、一方で弓浦市で香住と会った記憶については、「思ひ出といふのはありがたいもの」、「人間はどんな境遇になりましても、昔のことを覚えてゐられるなんて、きつと神様のお恵みでございますわ」と言います。つまり、婦人客にとって、弓浦市の過去と現在の不幸な「境遇」との対照性が、ちょうど記憶と忘却の関係のように語られているのです。

そしてこの弓浦市の記憶は、単に彼女一人だけのものにとどまっているわけではありません。次に挙げるのは、終盤の婦人客と香住のやり取りです。

「息子にも娘にも、香住さんのことは始終話してございますから、よく存じ上げてなつかしいお方のやうに言つてをります。私、二度ともつわりがひどくて、少し頭がおかしくなつたりいたしましたけれど、その時よりも、つわりがおさまつて、おなかの子が動きはじめのころに、この子は香住さんの子ぢやないかしらと、ふしぎに思ふのでございますよ。台所で刃物を研いでをりましたりして……。そのことも二人の子供に話してございます。」

「そんな……、それはいけない。」

香住は後の言葉が出なかつた。


婦人客によれば、彼女は香住の「思い出」を息子・娘に「始終」語り聞かせており、そのため子どもたちも、一度も会ったことのない香住を「なつかしいお方」のように捉えていると言います。婦人客は息子・娘が自分に味方をして「父親には何かにつけて反抗」するとも言いますが、右の一節を踏まえれば、子供たちにとって香住こそがいわば〈真の父親〉のように受け取られているとみることもできるでしょう。このように、婦人客の弓浦市の（香住にまつわる）記憶は、彼女の語りを通して「過去の事実」として共有され、それは現在の家族のありようにも大きな影響を及ぼしているようです。そのために香住は、「とにかく、この婦人客は香住のせゐで、異常な不幸に落ちてゐるらしかつた。その家族までもが…」と、その「過去」がもつ意味の大きさに動揺しつつ、自身の内側にその記憶が全く残っていないということの不可解さに脅かされるのです。

本作の結末に目を移しましょう。婦人客が帰った後、香住は「日本の詳しい地図と全国市町村名」を調べて、「弓浦市」という土地が九州のどこにもないことを確認します。あわせて、自らもあらためて記憶をたどり、戦前には九州に行ったことがなかったことを確かめます。すなわち、婦人客の語った「過去の記憶」は、彼女の「幻想か妄想」であったのです。ですが、こうした意外なオチを示すだけで、この小説は終わるわけではありません。本作の末尾には、次のような香住の思いが記されます。

…香住は婦人客の話を半信半疑で聞きながら、記憶をさがしてゐた、自分の頭もをかしいと思はないではゐられなかつた。この場合、弓浦市といふ町さへなかつたものの、香住自身には忘却して存在しないが、他人に記憶されてゐる香住の過去はどれほどあるか知れない。香住が死んだ後にも、今日の婦人客は、香住が弓浦市で結婚を申し込んだと思ひ込んでゐるにちがひないのと、同じやうなものだ。

ここで香住は、自分の心のうちにある記憶の外側に、他人だけが記憶している自分の「過去」が無数に存在するだろうことに思いをめぐらします（その中には、やはり香住にとって思いもかけないような「過去」がある可能性もあります）。そしてそうした「過去」は、香住の知らないところで生き続け、新たな意味を持って一人歩きしうる――婦人客とその子ども達にとって、彼女と香住との「過去」が「現実」のままであり続けるように。

このように「弓浦市」では、短い分量の中で複数の記憶の問題が提示されています。第一に、現実とは異なることを「記憶」し、自らの生きるよすがにしている婦人のあり方。先に触れたように、人間の現実の認識やアイデンティティは、記憶によって（物語を通して）成り立っています。そしてその記憶は個人の意識にあるだけでなく、語られることを通して他の人に伝えられ、「過去の事実」として共有されていくこともあります。でも、私たちの記憶とはどこまで信用できるものだろうか？その「記憶」の重要な部分が、事実ではなく幻想だとしたら？――婦人客の物語は、このような底深い恐怖とつながっています。

もう一つが、末尾で示される「他者だけが持っている記憶」という問題です。私たちの生は、他者から記憶されているということによって支えられている側面があります（「人間は人に忘れられたときに本当に死ぬ」という、しばしば見られる言い回しは、こうした他者の記憶の意味を端的に物語るものでしょう）。でも、他者が私について記憶していることは、自分自身が記憶していること（および自分が抱いている自己イメージ）と重なるとは限らない。この一見当たり前とも言えることに含まれる無気味さを、この小説は鮮やかに照らし出しているのです。

さて、「弓浦市」から読み取れることについて、もう一歩踏み込んで考えてみましょう。

そもそも、婦人客が香住に全く会ったことがなかったとして、なぜ彼女はそうした香住との「過去」（＝幻想）を心に抱くようになったのでしょうか？それを考える手がかりとして、あらためて冒頭に目を向けましょう。ここで彼女は、「やっぱり、あの香住さんにまちがひございませんわ。」と言い、「お耳の形からあごの形、さう、その眉の形もそつくりそのまま」だと、香住の顔を「人相書き」のように一々なぞりますが、これはかつて親しい関係を結んだ相手への態度としては、いささか奇妙なものであるように見えます。ここに見られるのは、写真のようなヴィジュアル・イメージでだけ知っている人と、目の前にいる相手とが重なることを確かめる視線に近いのではないでしょうか(雑誌で知っていた有名人と、初めて出会ったファンのように)。そう考えるならば、婦人客の「幻想」とは、メディアを通して作家に関する情報を得、勝手にそのイメージを膨らませる近現代の読者のあり方と、地続きであるかも知れないのです。

そしてここからは、作中に描かれる「弓浦市」という場所が持つ意味について、角度を変えて考えることができるように思います。

先に述べたように、婦人客が語る弓浦市は、「日本らしい」とされる景観の要素を詰め込んだ、ノスタルジーを誘うような風景を持つ場所として描かれています(その風景は、川端が若い頃に親しんだ伊豆の港に似ているとも指摘されています[15])。ここで、「弓浦市」が発表された時代の文脈に目を向けてみましょう。一九五〇年代以降、戦後の復興・経済発展の中で失われつつある「日本」的なものに目を向けようとするような、「日本再発見」とまとめられる動向が様々な領域で生じています[16](それは後に、一九七〇年代の国鉄のキャンペーン「ディスカバー・ジャパン　美しい日本と私」にもつながっていきます。このキャンペーンの副題が、川端のノーベル文学賞受賞講演「美しい日本の私」をふまえたものであることは見やすいでしょう)。川端はこうした時代の中、「日本」的というイメージのもとで広く読まれていった作家だったのです[17]。特に「伊豆の踊子」は、失われゆく日本へのノスタルジーとも結びつくかたちで、繰り返し映画化・ドラマ化され、広く受け入れられていきました。そのようにみたとき、婦人客が香住と出会った場所として「記憶」する弓浦市は、戦後に作られていった川端のイメージとも重なり合うように思われます。

以上のことを踏まえると、弓浦市が実在しないという結末は、私たちがノスタルジックに思い描く「なつかしい日本」が、あくまで虚構としてしか存在しないということを示唆しているのではないか。ややうがった読み方かも知れませんが、「弓浦市」はそのようなことを物語っているともみられるのです。

おわりに

以上のように本章では、「記憶」と「忘却」という観点から（また、その「物語」との関わりも視野に入れて）、川端康成の数編の小説を読んできました。川端の文学にあって、記憶は、絶えず忘却にさらされ、意のままになることなく（それゆえに、時に思いがけない鮮やかな想起をもたらし）、また過去を心の中で作り変えてしまうような危うさを帯びたものとしてあります。それは一面では、旧来の文学の約束事――「過去の記憶を一貫した物語として提示する」という形式も、その一つです――を疑い、それとは異なる語りを多様に生み出そうと試みた、川端のモダニスト的な立場と結びついていると考えられます。そしてそうした川端の表現は、記憶の物語に支えられて成り立つ人間の生のありように対して、日常的な自明性から離れて様々な角度から光を当て、問いを投げかける力を有しているると見られるのです。

先に取り上げた小説「故園」のなかに、次のような一文があります。――「自分を人に押しつけがましい、あはよくば後世にまで自分を押しつけやうとする、文学者でありながら、私は自分が忘却の世界に消え去るといふ空想に、恍惚とする。」

ここで川端は、文学が自己を表現して後世に残そうとする（その意味で記憶されることと結びつく）営みだとみなしながら、自身はむしろ「忘却の世界に消え去る」ことを夢見るのだと語ります。これは一種の無常観の表明のようにも見られますが、同時にここには、自己（の記憶）を語り伝えるという文学の約束事に安住することなく、忘却と記憶とが分かちがたく交錯する地点に立って創作を行い続けた、川端の立場ともつながる部分があるとみることができるでしょう。そして逆説的ですが、そのような点こそが、川端文学をいつまでも記憶されるような魅力あるものにしているように思われるのです。

【付記】

引用した川端康成の文章は全て三七巻本『川端康成全集』（新潮社、一九八〇～八四年）によります。ただし、引用にあたり、一部旧字体を新字体に改め、ルビを省略する等の改変を行っています。

なお、全集よりも手軽な書籍として、『山の音』が新潮文庫や岩波文庫から刊行されているほか、

「油」は『川端康成初恋小説集』（新潮文庫）、「十六歳の日記」は『伊豆の踊子』（角川文庫）や『伊豆の踊子・温泉宿 他四編』（岩波文庫）、「故園」は『天授の子』（新潮文庫）、「弓浦市」は『伊豆の踊子・禽獣ほか（教科書で読む名作）』（ちくま文庫）、『川端康成集 片腕（文豪怪談傑作選）』（ちくま文庫）などに収められています。

【註】

(1) ゲーム『文豪とアルケミスト』（DMM）、清家雪子の漫画『月に吠えらんねえ』（講談社）など。この点については、今井瞳良「文豪ブームの中の川端康成」（『川端文学への視界』第三六号、二〇二一・七）も参照。

(2) 三浦卓「川端康成」（千葉一幹ほか編『日本文学の見取り図―宮崎駿から古事記まで―』ミネルヴァ書房、二〇二二・二）は、『雪国』を「「冒頭は知られているが読まれていない名作ランキング」の上位常連」とする記事の紹介を含めて、川端の小説が「知名度ほどには読まれていない」状況を簡潔にまとめています。

(3) なお、近年は川端の文学を一般的なイメージから離れて読み直す視点を提示する書籍も、複数刊行されています。例えば、通常の認識からずれた「異相」に対する川端の意識に光を当てる高原英理編『川端康成異相短篇集』（中公文庫、二〇二一・六）、また後代の文学者が川端の文学を受容し、創作に生かすあり方の検討を通して、川端文学の再読を試みる仁平政人・原善編『〈転生〉する川端康成Ⅰ　引用・オマージュの諸相』（文学通信、二〇二二・一一）など。

(4) 「記憶」と「忘却」というテーマにかかわる文献は無数にありますが、本章では特に、アン・ホワイトヘッド『記憶をめぐる人文学』（三村尚央訳、彩流社、二〇一七・八）、ハラルト・ヴァインリヒ『〈忘却〉の文学史　ひとは何を忘れ、何を記憶してきたか』（中尾光延訳、白水社、一九九九・八）、富士川義之「文学と記憶―ワーズワース、プルースト、ナボコフ」（『英語青年』、一九八八・一〇）、三村尚央『記憶と人文学　忘却から身体・場所・もの語り、そして再構築へ』（小鳥遊書房、二〇二一・五）などから示唆を得ています。

(5) 浅野智彦『自己への物語論的接近　家族療法から社会学へ』（勁草書房、二〇〇一・六）

(6) この問題についてわかりやすく解説した著作として、千野帽子『人はなぜ物語を求めるのか』（ちくまプリマー新書、二〇一七・三）があります。ちなみにこの本では、川端康成が「ストーリー的な意味での結末」を持たない小説を書く作家の例として取り上げられています。

(7) この問題にかかわる興味深い書籍に、小田中章浩『フィクションの中の記憶喪失』（世界思想社、二〇一三・一〇）があります。

(8) 川端における「孤児」というモチーフの持つ意味を、フィクション的な設定のもとで鮮やかに提示した小説として、「孤児の感情」（一九二五年）があります。この小説では、関東大震災時に語り手「私」が次のような夢想を抱いたとされています。――「彼女も傍の人々と同じやうに、私と彼女とは夫婦ではないといふ記憶を失つたとしたら。そして、世の中の人間が悉く記憶力と名付けられた頭の働きを失つたとしたら。夫は昨日のわが妻を忘れ、妻は昨日のわが夫を忘れ、親は昨日のわが子を忘れ、子は昨日のわが親を忘れたとしたら。その時は、人間は悉くみなし児となり、ここは「家庭のない都市」となるだらう。――誰も彼も私と同じ身の上になるだらう。」

(9) なお、小説「十六歳の日記」の問題はこれだけではありません。詳細を説明する紙幅はありませんが、川端は五十歳の時（一九四九年）、同作に「あとがきの二」というパートを新たに追加しており、その内容が作品全体に複雑な問題をもたらしています。この問題については、原善「「十六歳の日記」―病いの記憶／記録の病い」（『川端康成　その遠近法』大修館書店、一九九九・四）を参照。

(10) 「モダニズム」は様々な意味で用いられる用語ですが、本章では、二〇世紀初頭に西欧を起点として世界的に広がった、革新的な芸術の動向(未来派・表現主義・ダダイズム・シュルレアリスムなど)を指す概念として用います。

(11) 詳しくは、拙著『川端康成の方法　二〇世紀モダニズムと「日本」言説の構成』(東北大学出版会、二〇一一・九)、また拙稿「川端康成と二〇世紀モダニズム」(『弘前大学国語国文学』第三三号、二〇一二・三)をご参照ください。

(12) なお、川端はジョイス、ウルフ、プルースト、フォークナーなど二〇世紀の「「意識の流れ」の文学」について、「連想、記憶の文学」と呼びうると指摘しています(「落花流水―枕草子」、一九六二・一〇)

(13) 原善氏は「弓浦市」について、婦人客の語る過去(記憶)が当事者であるはずの香住にとっても「リアリティを持ってしまう」ことに注目し、本作を「記憶という形の虚構=小説が、事実ではなくともかえってリアリティを与えてしまう在りようを通して、小説の持つ意味を追求するメタ小説」だと論じています(「「弓浦市」―〈記憶〉のテクスチュアリティ」、前掲『川端康成　その遠近法』所収)。記憶の語りが持ちうる「リアリティ」と、小説を直結させることには慎重さも必要ですが、この小説が香住を動かすような、夫人の「思い出話」のもつ〈語りの力〉を鮮やかに示していることは確かでしょう。

(14) 文学研究者・金井景子氏は、この弓浦市の風景を「日本のどこかにありそうな郷愁を刺激する町」だとした上で、志賀重昂の『日本風景論』(一八九四年)を手がかりとして、この町が「日本的」とされやすい景観の要素を多く含んだ「箱庭化された「日本」」であるのだと指摘しています。金井景子「架空の「日本」を描く―『弓浦市』を手がかりにして」(『川端文学への視界』第四号、一九九〇・二)参照。

(15) 長谷川泉「「弓浦市」の作品構造と背景」(川端康成研究会編『哀艶の雅歌　古都・舞姫・天授の子他』教育出版センター、一九八〇・一一)参照。

(16) この点については野村典彦『鉄道と旅する身体の近代　民謡・伝説からディスカバー・ジャパンへ』（青弓社、二〇一一・一〇）を参照。

(17) この点については十重田裕一「つくられる「日本」の作家の肖像―高度経済成長期の川端康成」（『文学』第五巻第六号、二〇〇四・一一）、同『「名作」はつくられる　川端康成とその作品』（ＮＨＫ出版、二〇〇九・六）を参照。

都市と自然を書くこと、
そして語ること

―レイモンド・ウィリアムズ『ブラックマウンテンズの人びと』を読むために―

大貫隆史

3 都市と自然を書くこと、そして語ること

―レイモンド・ウィリアムズ『ブラックマウンテンズの人びと』を読むために―

大貫隆史

はじめに―見えない「峠道」を越えて

都市の光景や自然の風景が記述されることは、文学作品ではごくふつうのことです。しかし、いったいなぜ、そういうものが記述されるのか、という問題となると、じつは答えるのに苦労することに気付きます。

人間や動物というような、何か生きているものが描かれるのであれば、小説でも演劇でも詩でも、その目的が少しはわかりやすいような気がするのですね。

ところが、たとえば、川や山あるいは、樹木、花、石、土、といったものとなると、とたんにむずかしくなる。書き手がそこに込めた狙いといいますか、あるいは、書き手の意図とでもいいま

しょうか。ここを考え出すとなると、どうにもむずかしいわけです。

遠い山並みや稜線、蛇行する川の流れ、すっと天高く伸びる木々、粘土質の大地。こういう、わたしたちの暮らしを取り巻く「モノ」を、文学作品の書き手は、言葉に紡いでいくことがあります。そのときの意図、つまり、書き手がそこでやろうとしていることは、じつのところ、そうとう複雑なことなのかもしれません(つまり、書斎や研究室にこもって「書く」、というイメージだけではなく、生身のからだを持って「語る」、という生々しいイメージを「復元する」というよりも、一種の「ずれ」をともなわせつつ「あらたに生産する」ことは、そうとう複雑なことなのかもしれないのです)。

今回は、その複雑さをいわば「ほどいて」いくときの、ひとつの助けになりうるお話として、私事ではあるのですが、ある経験談をさせて頂ければと思います。

近頃、父の他界ということを経験しました。近しい人がいなくなると――同じような感覚をお持ちになった方もおられると思います――故郷の風景の見え方がだいぶ変わってくるのですね。とても不思議な感覚でした。わたしは茨城県の沿岸部の出身なのですが、この海や川に、あるいは、街並みに、父がいったいどのような愛着あるいは距離感を抱いていたのだろうかと、慌ただしいなかふと思いにふけることが何度かありました。そうなると、同じ故郷の風景でも、その意味合いといいますか、感触といいますか、そういうものが変わってきてしまった気がします。

生まれ故郷の人口数万の小さな街から、隣接する人口数十万の都市へと、繋がっていく道がありました。田畑と住宅地が、交互に車窓に見えてくるような、とくに目立った特徴のない道路に過ぎません。父の運転する車に乗って、子どもの頃のわたしもよく通りました。幹線道路ではない、地元の人間がよく使う裏道ですね、そういう道だと思っていました。それが違って見えてきたわけです。父にとって、故郷と、その隣の中規模都市を、繋ぐ道だった——そう気付いたのです。つまり、隣近所に知らぬ顔の一人とてない田舎と、見知らぬ顔が次々と現れる都会——このふたつの場所を、つなぐ道だったんだと、気付いたのです。父にとって、都会への往路も一種の解放感に満ちたものであり、田舎への復路もまた安堵感に満ちたものだったのかもしれないと、故郷での慌ただしい数週間のなかで思うようになったのです。

そうすると、その「裏道」の、車の流れですら、違って見えてきました。都会へと次々に向かう車の列は、いわば軽やかな足取りで進むもので、他方で、田舎へ戻る車列は、その「急ぎ足」にも少し安心感が垣間見える——こういう具合です。

田畑のあいだに細長く敷かれている、その「裏道」は、関東平野によくある平坦な道です。ですが、いまのわたしの目には、一種の「峠道」のような道にすら見える、と言ってもよいでしょう。見えない「山」を越えて、ふたつの異なる世界——田舎と都会——をつなぐ、そういう「峠道」のように、わたしには思えるのです。父の死を経験したわたしには、見えない「山」といいますか、見えない境界線といいますか、そういう「ボーダー」を越えていく道のように、その「裏道」は思えてしまうのです。

一・風景を見ること、人びとと繋がること

そしてこれは、個人の心情や心理だけにはとどまらない話だと思うのです。父が、どういった人びとと、どのように、繋がろうとしていたのか、あるいは、ひょっとすると多少の距離を取ろうとしていたのか？　こういう問いと、故郷の風景の見え方はかかわってはいないでしょうか。何代前からの付き合いなのかすら分からない隣人たちとの縁（田舎）、そして、仕事の上で数回しか（あるいは全く）話すことのない人びととの繋がり（都会）。前者だけではなく、後者もまた、父にはおそらくかけがえのないものであったのであり、その意味で父は、毎日の暮らしのなかで、仕事のなかで、（少なくとも）ふたつの集団とコミュニケーションをとっていたのだろうと思うのです。しかも、あたかもマニュアル車のギアを切り替えるかのように、コミュニケーションの方法を、通勤の途上で、休日の行楽に向かう途上で、いわば微調整していたのではないか、と考えました。

ということは、風景をどう見るのか、という問題は、じつは、コミュニケーションの問題でもある、と言えはしないでしょうか。

文学をめぐる問題に置き換えてみるとどうなるでしょうか。都市の光景や、自然の風景を、ある文学作品の書き手が記述するとき、じつところそれによって、ある人間集団とむすびつこうとしたり、ときに距離をとろうとしたりしているのではないか？　こういう問いが浮かんできます。

都市の「モノ」や、自然の「モノ」を書くことで、それを書く人間と、とある人間集団との結びつき

図版1　チャッツワース・ブリッジ

が意図される。こう言うとなんとも不思議な感じがしてきます。ですが、こうしたコミュニケーションは、歴史的につねに生じてきたものではないのか？　さらに言えば、そうしたコミュニケーションは、文学作品の書き手だけではなく、まさにこの場にいるわたしたちにも、ときに漠然としたかたちにおいてかもしれませんが、つねに生じていることなのではないのか？　こうした問いを、イギリスの文学・文化の理論家であり6編の小説の書き手でもある、レイモンド・ウィリアムズによる議論を頼りに、以下、考えていきたいと思います。

二．チャールズ・コットン（一六三〇―八七）
―地主階級とのつながり

一番わかりやすい例を見てみたいと思います。写真（図版1・口絵1）を参照して頂きたいのですが、これは、「チャッツワース」という、イングランドの中北部ダービーシャーにある、カントリーハウスの画像です。

見事なものですが、ポイントは、この自然の風景は、おそらくは基本的にすべて作られたものだ、人為的にデザインされ切ったものであろう、というところにあります。この、人工性、人為性を念頭に入れて頂いた上で、つぎの詩を少し読んでみたいと思います。

巻き毛の眉で湖水に影をつくる木立は、
いたるところに揺れ動く風景をつくりだす
それは画家の技をはるかにしのぐもので
波も葉も動かすことはできず、画家は途方に暮れる(1)

これは、チャールズ・コットン(一六三〇―八七)という一七世紀の書き手によるもので、さきほど写真でみたチャッツワース・ハウスという大邸宅をたたえた詩の一部となります。

さて、この詩はなにを「たたえて」いるのでしょうか? これは、なにを「おとしめて」いるのか、誰を「非難」しているのかを考えると分かってきます。この詩で、批判されあざけられているのは、「画家painter」です。画家は、湖に波を立てることもできなければ、木の葉を動かすこともできない、画家は、ただ単に湖や木立を書き取ることしかできない、と批判されているわけです。

その一方で、「湖水に影をつく」ったり、「揺れ動く風景」を作りだしているものがいる、というわけです。画家は、静止した動きのない風景しか描けない、けれど、湖水に揺れ動く美しい景色を作り出せるものがいる——こういうわけです。

さて、それは誰なのでしょうか? この詩を上記のように分析した二〇世紀の書き手レイモンド・ウィリアムズ(一九二一—一九八八)は、こう言っています。

この種の確信、すなわち、整えられたデザインにしたがって自然を動かしてみせるという確信こそ、地主階級が実際につくりだしてしまったものだった。(2)

画家は、静止した景色を写し取ることしかできません。ところが、チャッツワース・ハウスを所有する地主階級は、揺れ動く景色を作りだすこと出来る——こういうわけです。

画家は自然を写すことしかできない。ところが、地主階級は自然を「つくりだし」てしまえる。地主階級は、水の流れを変え、木を植え替え、自由自在に、自然の光景を作りだすことができる。その力と、その力の持ち主を、この詩はたたえているわけです。

コミュニケーションという観点から言えば、この詩の書き手が、つながろうとしているのは、「地主階級」です。地主階級のもつ、自然を人為的に徹底的に変化させていく力と、この詩人はつながろうとしていると解釈できそうです。

さて今回のお話では、いま言及したレイモンド・ウィリアムズという書き手による分析と、さらにはこの人による小説が大きな役割を果たしていくことになるのですが、彼による解釈が示唆しているところには、少しばかり恐ろしいものがあります。都市の風景にせよ、自然の光景にせよ、その美しさをたたえるはずが、じつは、その風景なり光景と切り離すことができない、強大な権力集団、すなわち地主階級との連携がもくろまれているのですから。

しかし、風景の描写というものは、たんに、寄らば大樹の陰といいますか、長いものには巻かれろ、といいますか、そういう強大な権力集団とのつながり、連携ばかりが意図されるものではありません。

そうではなく、むしろ、見捨てられた人々、大都市の中に消えていってしまうような人々が重要になってくるような、そういう風景描写もあるのです。次にそういう例をひとつ、みてみましょう。

三．チャールズ・ディケンズ（一八一二―七〇）―モノによる人間の疎外

都市や都会というと、人間がたくさん密集しているというイメージがありますね。ですから、都市を描く小説というと、人間の行動や人間の意識ばかりを描くような、そういうイメージも出てきてしまいます。ですが、都市には「モノ」があふれているわけです。人間が自然の材料を使って作りだした「モノ」があふれているのが都市や都会です。

『クリスマス・キャロル』（一八四三）で知られる一九世紀の書き手、チャールズ・ディケンズは、

ロンドンという大都会との関わりが、よく言及される人物です。彼の作品のなかで、これから見ていきたいのは、『ドンビー父子』（一八四六―四八）という作品です。この作品の簡単な筋をまとめておきます。

実業家として知られるドンビー氏は、長男の誕生を心待ちにしていましたが、お産を終えた妻はすぐにこの世をさってしまいます。そこで、トゥードル夫人という労働者階級の女性を乳母として面接することになります。ところがドンビー氏は、彼女を「リチャード」という仮名で呼びたいと、いきなり要求するなど、その強引さをどうにも隠すことができません。娘フローレンスとの距離も広がったままで、また、長男ポールも早世してしまうなど、彼の人生には暗雲が立ちこめていきます……。

さて、このドンビーという人物は、先に見た地主階級というよりも、商業を行う新興階級に属しています。実業家である彼は非常に強引な人物なわけです。

このドンビー氏の没落を描いていくのが、『ドンビー父子』という作品の、大きな筋とはなるのですが、この作品の見所というか読みどころは、都市の風景描写、都市の「モノ」の描写の強烈さにあるのですね。非常に密度が高い、濃度の濃い描写がいくつも出てきます。先ほど紹介したレイモンド・ウィリアムズが注目している箇所をいくつか、ウィリアムズの助け（とくに「モノ」を「分かる社会的媒介者」として解する見方）を借りながら見ていきましょう(3)。最初は、乳母となったトゥードル夫人あらためリチャーズが、幼いポール・ドンビーの面倒をみるため、ドンビー氏の屋敷に住むことになる場面です。

ドンビー氏の家は大邸宅であり、高く、暗く、ぞっとするほど上品ぶった通りの日陰側に位置していて、その通りは、ポートランドプレイスとブライアンストーン広場にはさまれていた。角に面した屋敷で、地下貯蔵庫への豪勢な入口はと言えば、格子がはめられた窓にしかめっ面をされ、ゴミ捨て場に続く「やぶにらみ」［原文ママ］のドアにニヤニヤ見られていたのだった。陰気な雰囲気の屋敷で、その背中は丸まっていて、揃いの客間はあるのだが、そこから見えるのは砂利の中庭で、そこには、やせこけた木が二本ばかり生えていて、すすけた幹と枝がサラサラではなくカタカタという音をたて、葉っぱもいぶされ乾燥していた。(4)

一つ前に見たチャッツワース・ハウスの自然を賛美したチャールズ・コットンの詩と比べてみると、どうでしょうか？　コットンは、邸宅の主である地主が、その広大な庭園を自由自在に作り替える力をもっていることを、褒めたたえ、その力につらなろうとしたのでした。ディケンズは、一九世紀の資本家であるドンビー氏が、その邸宅を思うままにつくり、思うままにデザインして管理しているさまを、賞賛しようとしているのでしょうか？

どうやらそうは読めないわけです。ドンビー氏の屋敷は、じつに「陰気」な屋敷であり、日当たりもわるく、庭木もいまにも枯れんばかりの有り様です。なかでも決定的なのは、「格子がはめられた窓にしかめっ面をされ、ゴミ捨て場に続く「やぶにらみ」［原文ママ］のドアにニヤニヤ見られていたのだった」という部分でしょうか。「crooked-eyed [sic]」が軽蔑的・侮蔑的な用法であることに充分な注意が必要ですが、ここでのディケンズの意図は明らかなように思います。ドンビー氏は、自分の屋敷をうまく管理できていません。そればかりか、「しかめっ面」をされたり「ニヤニヤ見られて」いる、という比喩がぴったりくるほどに、自分の屋敷から「疎外」されてしまっている、と言えそうです。本当は自分のものであるはずの屋敷から、相当距離が出来てしまっている、疎外されてしまっている――モノと人間とのこういう関係を表現するために、ディケンズは、このような光景描写をしているのだと言えそうです。

チャールズ・コットンは、地主階級による自然の支配を賞賛したわけです。他方で、書き手チャールズ・ディケンズは、人間によるモノの支配ではなく、人間とモノとの縁遠さ、疎遠さ、疎外(alienation)を物語る、ということです。

風景すなわちモノの世界からの人間の疎外、という構図は、次の描写でさらに鮮烈に描かれます。幼子のポール・ドンビーの面倒を見ていた、トゥードル夫人あらためリチャーズは、当時一九世紀中葉ロンドンのスラム街であるスタッグズ・ガーデンに住んでいました。ロンドンの北西部、今のユーストン駅近郊の一区画が、貧しい人々のひしめきあうスタッグズ・ガーデンです。乳母の職を解かれてしまったトゥードル夫人あらためリチャーズに、幼いポール・ドンビーが会いたがり、他の召使いに連れられてやってきます。しかし、そこは……

ちょうどその時期に、大地震の最初の衝撃が、この近所界隈を、まっぷたつに引き裂いてしまっていた。地震の衝撃が通った痕跡は、どこを見ても一目瞭然だった。家々は打ち壊され、道路はいたる所で切断され、通行不能にされていた。あちこちに深い穴と、溝が掘られていた。土と粘土が積みあげられて巨大な山ができていた。土台を削られてふらふらになった建物は、太い角材でささえられていた。こちらには、ひっくりかえってごちゃまぜにされた荷車が、小高い人工の山のふもとにぐしゃぐしゃに放置されていた。あちらでは、貴重な鉄材やらなにやらが、偶然できた水たまりに浸かって錆びていた。いたるところに、どこにもいかない橋があった。いたるところに、まったく通行できない道路があった。高さが通常の半分にもみたない煙突からなるバベルの塔。およそあり得ない場所に置かれた、仮住まいの丸太小屋と仮の柵。ぼろアパートの残骸あるいは死骸。できかけの壁とアーチの破片、足場の山、レンガの荒野、巨大なクレーン、なんのために使われているかわからない足場。不完全なかたちや物質が、何十万もの数をなして、もともとあった場所を追われ、乱暴にまぜこぜにされ、ひっくりかえされ、地面に埋まり、天高くそびえ、水の中でくさっていて、これは、夜見る夢のごとく意味不明のものだった。地震につきものの温泉と噴火も、こうした風景の混乱に拍車をかけていた。煮えたぎるお湯から出る蒸気が音を立てて、壊れかかった壁のなかでうなり声を上げていた。そこから、炎が光をもらし音をあげていた。灰の山が道をふさいでしまい、この界隈の法と慣習を完全に変えてしまっていた。

つまるところ、いまだ終わることのない、いまだ開通しない鉄路が、成長中であった。この恐ろしい無秩序のまっただ中かから、鉄路はするすると、文明と改良の無敵の流れにそって、伸びていったのだった。(5)

かなり密度の高い、濃密な描写です。最後で絵解きがされていますが、「つまるところ」、鉄道工事の光景が描写されているわけです。一九世紀イギリスの鉄道建設の写真などを、インターネットなどで検索して頂くとよいのですが、ディケンズの記述は、そういう写真よりも、はるかに鮮烈な印象を残すものになっています。

この鉄道工事は「大地震」のそのものであり、家々は破壊され道路は寸断され、温泉が噴き出し、山は火を噴いている。もちろん、温泉と噴火は蒸気機関のことを言っているわけですが、とにかく、圧倒的な無秩序が広がっている――こうディケンズは書くわけです。

実際には、鉄道工事を計画している人間や、鉄道工事を管理している人間には、その工事は「大地震」のようには見えないことでしょう。ですが、トゥードル夫人あらためリチャーズのように、長年住んでいた家を追い立てられたような人間にとっては、ディケンズの描写の方が、よりリアルなものだったのではないでしょうか。立ち退きを強制された貧しい人々にとって、鉄道工事は「大地震」そのものに見えた、というわけです。

「大地震」という避けようのない、管理したりコントロールしたりすることの不可能なものとして、「鉄道工事」を経験する人々がいること。この作品が公表された一九世紀中頃を分水嶺として、ブリテン島では、鉄道網がさながら毛細血管のごとく密に張りめぐらされていきます(6)。この「文明」的進歩を、便利なもの、豊かさの証として経験する人もいたことでしょう。ですが他方で、その「進歩」を、圧倒的な疎外の経験として直面せざるをえない人々もいたのです。いえ正確には、そうして、「鉄道工事」というモノの世界によって、人生を翻弄され追い立てられコントロールされてしまう人々の方が、数としては圧倒的におおかったはずです。

一七世紀の書き手チャールズ・コットンが賛美した、地主階級による自然の支配の、いわば裏側をディケンズは記述したと言ってもよいでしょう。ディケンズの描く『ドンビー父子』の世界の人々は、モノの世界を支配するのではなく、モノの世界によって文字通り支配されます。モノを動かすのではなく、モノによって動かされる、圧倒的に受け身の人々――この関係こそがディケンズの描こうとしたものなのではないでしょうか。

作品の終盤、一人娘となったフローレンスは、高慢極まりない父親であるドンビー氏から、ついに家出をすることになります。とはいえ彼女には行く当てはありません。ロンドンに流れ込んでは行方知れずとなっていく流浪者たちと、彼女は変わらない存在となってしまいます。

この最後のお供[犬のディオ]とともに、フローレンスは、あわただしい朝のなか、強まる日差しのなか、シティへと急いだ。人々のどよめきは、ほどなくしてますますおおきなものとなり、いきかう人の数も膨大なものとなり、店はどこもいそがしさをますなか、ついに彼女は運ばれていったのだった、生（ライフ）の流れのなかへと――あのようにむかう生の流れ、つまり無関心にすすむ流れ、朝市、お屋敷、監獄、教会、市場、富、貧しさ、善、悪もかまうことなく進む流れのなかへと。葦、柳、苔にたゆたいながらみていた夢から覚め、人々の仕事や気遣いのなかを、どんよりと激しく進んで、深海へと向かってゆく大河［テムズ］のごとき流れのなかへと。(7)

ロンドンは、テムズ川の流れがそうであるように、「無関心な流れ」そのものです。何を流すかにテムズ川も関心をもたないように、ロンドンもそのうちを流れる人々に関心などもちません。人々は、ただ、ロンドンという「流れ」に流されるわけです。この風景描写で強調されているのは、テムズ川という自然の世界や、大都市ロンドンというモノの世界こそが、生身の人々を支配している、という関係性です。

さて、ここでやはりコミュニケーションの問題に戻ってみたいと思います。ディケンズは、はたして、どういう人間集団とつながろうとしているのでしょうか？

少しだけ専門用語を使うと、ここで描かれているのは、いわゆる人間主体（subject）ではありません。そうではなく、いわば道具的存在であるagency（媒体・道具）としての人間です。人間が主体性などもたない、道具的な存在であるagencyになっている、とディケンズは強烈な筆致で書き付けるわけですが、そのディケンズがどうにかしてつながろうとしているのは、そうした道具的存在と化してしまった大多数の人々なのでしょう。もちろん、おおまかには、労働者階級、ということになるのだとは思いますが、『ドンビー父子』を書くディケンズがつながろうとしているのは、資本家であるドンビー氏をもときに含むような、モノを支配するのではなくモノによって支配される、圧倒的に受動的な人間たち、うち捨てられた人々、文明的進歩から見捨てられた人々、ということになるのでしょう。

四．レイモンド・ウィリアムズ――モノの世界と「交渉」する人間たち

そして、モノを支配するのでもなければ、モノに支配されるのでもない、いってみれば、第三の道をゆく書き手による作品をみて、今回のお話を終えたいと思います。

ここまで、ずっとその議論に依拠してきたレイモンド・ウィリアムズですが、一言で言うと、二〇世紀中盤以降のイギリス文化を語る上で、その中核となる人物だ、ということができます。一九世紀だったらチャールズ・ディケンズやブロンテ姉妹になるかもしれませんし、二〇世紀前半だったら、ジョージ・オーウェルとなるかもしれません。そういう人物が、レイモンド・ウィリアムズです。

彼が一九八八年に心臓の発作で他界する寸前まで書いていたのが、最後に議論する『ブラック・

マウンテンズの人々』です。ウィリアムズの死後に出版されたこの小説は、ウェールズのなかでもイングランドとの国境沿いにある彼の故郷を舞台とする小説なのですが、なんとも異色なものです。彼は、ブラック・マウンテンズ一帯の歴史を、紀元前数万年の昔から現在まで、一挙に描ききろうとしたのです。

残念ながら、ウィリアムズの突然の死によって、この小説は中世のあたり途絶してしまっているのですが、それでもなお、見事なもので、今回、見てみたいのは、かなり長くなる引用なのですが、この作品の冒頭部に出てくる地質学的な自然描写となります。

この川だ！　グリンは、ぼうぜんとしながら、ひらけた山並みをながめた。最古の痕跡は記憶ではない。石に刻まれたしるしは、人間の手が加わった痕跡である。骨に塗られた黄土は、看取られた命の存在を物語る。しかし、これらの手も命も、あまりにも数がすくなく、まばらなものである。人間の生活の痕跡がもっと広がるまでのあいだ、歴史は、大地の歴史でしかないのだ。

しかしこの歴史は――彼には分かっていた――実際にはたどりうるのだと。ブラック・マウンテンズの中核部分は、古代の川によって形成されたのであって、その古代川は、何百万年ものあいだ、古代赤色大陸から流れでていた。この大河は、火山連峰の尾根より、そして崩れ石のまき散らされた高原より発し、泥地状の平原を越え、沿岸の平地をまがりくねりながら進ん

で海にいたるのだが、泥と微砂《びしゃ》と砂を運び、その色はと言えば赤鉱石《せきてっこう》によって赤く染まってい
た。これらの物質は浅瀬と河岸に積み上げられ、層は幾重にも折りかさなっていった。
最初の時代、流れや波によって、巨大な中州のあちこちに、幾重にも折り重なる層が生じて
いった。川の流れが、目の粗い沈殿物によってはばまれ、「低地である」氾濫原へとあふれて
いったためだ。この広大な平地のところどころに、海の水が流れ込んだ。魚や海生動物の骨や
硬い外皮が、何百万年ものあいだに堆積し、シルト岩、泥岩、赤い砂岩のかたまりへと変化し、
それが七〇〇メートルもの厚さとなり、いまのブラック・マウンテンズの中核部分となった。
第二の時代、陸地と海の高さが変化した。海は平野をおおい、穀粒石灰岩の層、すなわち、
石灰と砂からなる礫状の集塊を、古代の赤色堆積物層のうえに残した。海の水が引くと、そこ
には、浅い淡水の湖の数々と、沖積層の広大な干潟、汽水性の潟湖《せきこ》が残された。大河とその支
流群は、扇状の三角州と氾濫原のあちこちに赤砂と微砂《びしゃ》をさらに運びいれて砂州と浅瀬をつ
くりだし、川の流れをかえていった。流れの激しさと、流れの変化により、砂州は水びたしに
なったり、干あがったり、また水びたしになったりした。砂州が干上がると、そこにはくぼみ
や裂け目、浸食が生じるようになった。あたらしい川の流れが生じて、あたらしい堆積物を運
んだ。この時代の砂岩は、五百メートルの層をあらたに作りだしたのだった。
海の水位がまた変化した。海水が平地に押しいり、石灰岩をあとに残していった。大河はい
まだ砂を運んでいたが、ただしその砂の色は緑か茶色のものと、雲母を含んだものとなって

いたのであって、それらは最終的には、圧縮されて頁岩《けつがん》や砂岩となり、二百メートルの厚さとなった。これらの上に、大河が流れるようになり、すると、以前よりももっと色の濃い赤茶色の砂がたまった。これが最後の層であり、三百メートルの厚さとなった。

ブラック・マウンテンズを作りだしている物質は、こうしていまの場所に置かれたのだけれど、そのかたちとなると、まだ形成されていなかった。ながい稜線、山並み、谷は——これらをつくりだす山々はいまも昔も変わりなく見えるのだが——深く埋もれたままであり、まだかたちを与えられていなかったのである。

大地はうねり隆起した。分厚い砂岩層は乾燥し、浸食されていった。次いで、大地がいまいちど沈降し、急流の川が南側に生じて、それにより、灰色の川砂利と礫状の石英が運ばれてきた。その後また、海が容赦なく北上し、古代大陸の沿岸沿いの平地と淡水の潟湖をのみ込んでいった。この強烈な変化の中で、分厚い地層は、水温の高い浅海のなかで、島々へと変化していった。沿岸部には岩礁が形成された。島々と岩礁の地球上における位置は、いまや赤道付近となっていた。

南側の島々では——アスク渓谷のいたるところにはっきりとした変化を現在みてとることができるのだが——浅海が石灰岩の岸壁を作りだした。ふたたび、大地が動き、海面の下で土砂崩れが生じた。温かな浅海は泥状の三角州と沼へと変化し、巨大な赤道直下の湿潤な熱帯林が生じたのだが、この植生は朽ちて泥炭へと変化することになったのだった。時を経て、南側に延びる古代の森林層は、圧縮されて石炭層になった――この、南ウェールズの炭田にあたる部分の向こう側に、ブラック・マウンテンズにあたる部分があるわけだ。海はまだ熱帯の温かさだった。島々は灼熱の砂漠であった。

大地にふたたび、巨大な動きが起こり、古代の岩々を西に東へと巻き込んで動かしていった。断層や破断面が北西と南東の方向に走った。赤色の砂塵嵐が、古代の大陸から吹き込んできた。海水があふれ、そしてひいていった。巨大な爬虫類たちが沿岸部の浅い海や沼地に住むようになった。そして今度は、海水位そのものが変化したのだった。かつては高地の赤色砂漠だった場所に、火山と湖と熱帯林ができていった。巨大な爬虫類たちは姿を消し、かわりに、飛べない鳥と小型の哺乳類が登場した。南の方で、ふたたび大地に大きな動きがあり、あたらしい地形が地球上にかわるがわる生じたのだった。

赤色の砂岩に覆われた島々のひとつのうえに、古代大陸の大河の砂州のうえに、ブラック・マウンテンズの山脈が、ついに、形成された。周囲から押され、周囲から巻き込まれるようにして、ブラック・マウンテンズは、ひとの手のひらのようなかたちになっていき、その周囲を大きな川が流れるようになっていった。その歴史を待望するかたち、これが形成されたのだった。

そして、数百万年ものあいだ、氷の巨大な動きが続いた。[……]徐々に稜線沿いの地形はなだらかになり、数千年をかけて、いまやおなじみの、鯨の背中のような稜線と、谷間のテラス状の部分にある瓦礫ができたのだった。(8)

こうやって引用してしまうと長く見えてしまいますが、これが長大な時間軸にかかわる地質学的な歴史であることを思い出すと、相当に簡潔にまとめられた見事な描写であると言えそうです。ウィリアムズの配偶者はジョイ・ウィリアムズという人なのですが、この人は、ロンドン・スクール・オブ・エコノミクス（LSE）で学んだ人で、文化人類学や考古学、そして（おそらく）関連分野である地質学にも造詣の深い人だったようです。生まれた時代が少しずれていたら、おそらく名の知られた研究者になっていた人物とも評されています。このジョイ・ウィリアムズは、夫ウィリアムズが小説を書く際に、ブラック・マウンテンズ一体の考古学的、地質学的な歴史について、膨大な資料を読解し、それをコンパクトにまとめたノートを作成したのでした(9)。

ですので、今回見ている地質学的な描写は、一九八〇年代当時という限定はつくのだと思いますが、ごく正確な学術的知識に基づいた描写と言うことが出来そうです。

その専門的知見を土台にしつつ、ウィリアムズは、専門的知識がなくとも、故郷のなりたちを一気に把握できるような、イメージをつかむことが出来るような、そういう見事な描写をつくってのけたわけです。

ここでのウィリアムズの目的は何なのでしょうか？

それはおそらく、人間と自然との関係を、変えるためです。人間が自然を支配する、という関係はチャールズ・コットンの詩に見ました。自然あるいはモノの世界が人間を支配する、という関係とその告発は、チャールズ・ディケンズの小説『ドンビー父子』に見てきました。

図版2　ブラック・マウンテンズのふもと

レイモンド・ウィリアムズによる自然描写は、そのいずれとも違っています。

どう違うのでしょうか？　具体的に考えてみましょう。

ブラック・マウンテンズの地形は、数百万年にわたる歴史のなかで、作りだされています。そのなかで、決定的な力を及ぼしているのは、読んで分かるように、なんといっても「水」です[10]。「水」と「水の流れ」が甚大な力を及ぼしています。水の力によって、ブラック・マウンテンズの物質そのもの、つまり、古代の赤色大陸から運ばれた砂岩の層や、海の水の力によって運び込まれた石灰岩の層、さらには、大陸からの緑や茶色の砂や雲母を含んだ砂が圧縮されてできた層つまり頁岩の層、こういった層ができたわけです。

しかし注意したいのが、この水の力というのは、単に物質を運ぶ力だけではない、ということなのです。水の力は、そうした層を「削る」力をも持っているわけです。一番わかりやすいのは、氷河による浸食作用ですね。写真（図版2・口絵2）を見て頂くと分かるのですが、ブラック・マウンテンズの山並みは非常になだらかなもので、「鯨の背中」とも称されています。これは、水が凍ったせいで、ごつごつした山肌を削ってなだらかにする「力」をもったためです。

さて、前節での議論を思い出したいのですが、ディケンズ小説での川の流れとは、人々をただただ運んでいく力でした。人々と有無を言わさずからめとっていく強烈な力ではあります。ですが、それは、変化しない力なのです。

ところが、レイモンド・ウィリアムズが描く、ブラック・マウンテンズを作りだした水の力は、変化します。物質を運んでくることもあれば、凍って物質を削り出すこともあります。

別の言い方をすると、ディケンズ作品における水の力は予示可能なものです。予示、つまり、あらかじめ示すことができる、不変の力です。

ところが、ブラック・マウンテンズの地形を作りだす力は、じつは、あらかじめその働きがわからないものではないでしょうか？　水の力は、物質を運ぶ力ともなりうるし、ときには、物質を削る力ともなりうる。水がどのような力を発揮するか、発揮してしまうかは、あらかじめ分からないのです。言い換えると、自然の力は、変化しうるものとしてイメージされている。

このとき、人間と自然との関係は、いかなるものになるでしょうか？　ひとつには、こう言えそうです。自然とは、人間がそこに働きかけて、その働きを変化させうるものとしてある。そのとき、人間と自然との関係とは、支配や被支配ではなく、いわば交渉可能なものとして、つくりなおされてはいないでしょうか？

そのとき、『ブラック・マウンテンズの人びと』を書くレイモンド・ウィリアムズが、つながろうと意図している集団も、明らかになってくると思います。自然を支配するのでもなく、自然に支配されるのでもなく、自然にはたらきかけることでその働きを変化させようとする人々――ことは、狭い意味での科学者だけではないでしょう。というよりも、地質学者や土木工学の専門家と、ウィリアムズはゆるやかにつながろうとしているように思えます。この、自然の働きを学ぶ集団と土地の特性を経験的かつ科学的に知り抜かねばならない農業の実践者を、ゆるやかにひとまとめにした上で、そこと、やはりゆるやかにつながろうとしているように思えます。

さいごに――ウィリアムズの自然記述の危うさと可能性

また、ウィリアムズとディケンズの違いにも少しだけ触れておきましょう。『ドンビー父子』をめぐって、書き手ディケンズは、大都会ロンドンで苦しみにあえぐ人びと同士をつなげようとします。しかし、そのつながり方は、いまだ「否定的」なものに過ぎません。虐げられた人びとは、虐げられているという否定的な関係を共有しているだけなのです。スタッグズ・ガーデンの鉄道工事や、都市群衆やテムズ川の流れといったモノの世界を、どうやって自分たちの手に取りもどすのか、という「肯定的」な側面は、ひとまずディケンズ作品にはないのです。

しかし『ブラック・マウンテンズの人びと』における地質の描写は、趣を異にします。ブラック・マウンテンズでは、水とはモノを運搬しかつモノを形成する動きをもっている。このブラック・マウンテンズに固有のイメージを共有できる集団をゆるやかにつくりだすことは、人間の自然からの疎外を、どれだけ長いものであってもそれを克服するプロセスの一部とみなせます。その意味では、この小説を書くウィリアムズがやろうとしてることは、「肯定的」なものなのです。ただしこれは、非常に危ういものです。

自然をどう見るか、という営みは、ごく個人的な経験だと、いまのわたしたちは感じているわけです。蔵王連峰の火山湖をみて、その色彩の美しさに眺め入ろうと、自然の驚異に圧倒されようと、あるいはまったくの無関心を示そうと、それは各自の自由だとわたしたちは思います。しかし、先に引用したウィリアムズによる自然描写は、そういう自由さをあまり強調していないようです。むしろ、ブラック・マウンテンズにおける水の動きの特有さを、どうやって共有するか——ここに書き手の全精力は注がれているように見えます。

ここに、ナショナリズムや排外主義的な危うさが、まったくないかと言うとそうは断言できないように思うのです。ただし、同時に、そういう危険性にウィリアムズが相当自覚的で、なんらかの工夫がないとは決して言えないことも事実なのです。

さいごに、ウィリアムズのそうした危うさと、それと表裏一体の肯定的な可能性について、論じておきましょう。

場所固有の水の力というものは、たとえば、「やまたのおろち」のような神話的形象によっても、共有可能なものです。ですが、「やまたのおろち」というかたちによって繋がりうるのは、ひょっとすると、民族的あるいは血縁的な集団かもしれません。

前節で論じたブラック・マウンテンズ固有の水の力——モノを運び、モノをかたちづくる力——はどうでしょうか？　このイメージをどんな集団が共有しうるのでしょうか？　さきほどの引用を読んで、わたしたちはなぜ、圧倒され、引き込まれるような感覚を覚えるでしょうか？

それは、わたしたちが「学ぶもの」であるためのように思うのです。旧石器時代以来の数万年という、考古学が教えてくれるような時間の流れとも違う、強烈な時間の流れというものに、わたしたちが興味を感じ、そこからなにかを学ぼうとするがゆえに、ブラック・マウンテンズ固有の水の力をイメージしうるわけです。

自然を支配するのでもなく、自然に支配されるのでもなく、自然に学ぶことでその働きを変化させようとする集団があらかじめ明確にブラック・マウンテンズに存在していた、とウィリアムズは言いたいのではないのでしょう。

そうではなく、農業の実践者にせよ、アマチュアの郷土史家（『ブラック・マウンテンズの人びとの』主人公グリンの祖父）にせよ、そういう自然に働きかける人びとが集団としてつながりうるのは、彼らに地縁・血縁があるからというよりも、ひとしく「学ぶもの」であるからだ——こうやって、いわば線を引き直しているように思うのです。

もちろん、この「学び」には危ういものがあります。先の引用でみたように、ウィリアムズの自然記述には「引用情報」がついていません。ジョイ・ウィリアムズら遺族の献身的努力によって死後出版された書籍には、参考文献が厚く列挙されています[11]。ですが、どの参考文献の、どの部分が先の引用のもとになったのか——これを特定するのは容易なことではないのです。

となると、ブラック・マウンテンズ固有の「水の力」のイメージ——これを微妙に書き換えていく意図が生じたとき、その後の作業がかなりの困難を生じてしまうことでしょう。ジョイの手厚い助けを得たウィリアムズには記述し得たけれど、他の人間には相当むずかしい作業になってしまうだろう、ということです。

その意味で、レイモンド・ウィリアムズと、自然に学ぶ人びととの関係は、決してフラットなものではありません。誰でもブラック・マウンテンズの自然に学ぶことはできる。けれど、だからといって、ウィリアムズのような自然の記述、自然情景の語りをすることは、まずはできそうにない、ということです。にもかかわらず、グリンは「しかしこの歴史は——彼には分かっていた——実際にはたどりうるのだと」と語ってしまいます。もちろん「たどりうる」わけです、地質学的な書物を何冊も読み込み、かつ、それを平易な言葉遣いで語りうるのであれば。

地質学に精通する人間はいます。小説家も大勢います。ですが、その両方となるとむずかしい。ウィリアムズは、地質学に造詣の深いジョイの助けと、小説をかなり試行錯誤しながら書く時間を確保できたという自身の社会的ポジションの、両方にたまたま恵まれていたため、書けたわけです。

しかし、この偶然の事情をウィリアムズは小説には書き込んでいません。その意味で彼は、ある種の「裏切り者」とも言えるわけです。ですが、そうやって「裏切ら」ないと、先の見事な自然の記述、自然の語りはなしえなかったことも事実なのです。

だいぶ大きな話をしました。これまでのお話で、納得して頂いた部分もあれば、そこまでは説得されない部分もあることかと思います。ですが、ひとつ確実に言えるのは、都市にせよ自然にせよ、それを描写することで、人間と人間をとりまく環境の関係が変化しうる、ということなのです。そしてこの変化を考え、作りだしていく上で、じつは文学、そして文学研究というものが想像以上におおきな役割を果たしているのではないかと述べ、今回のお話を終えたいと思います。

【註】

(1) Raymond Williams, *The Country and the City*, Vintage, 1973, p. 178〔『田舎と都会』山本和平他訳、晶文社、一九八五年、一七〇頁〕での引用。以下、邦訳については、本作品以外も、既訳のあるものについては参照しているが、原文を踏まえ変更した場合もある。

(2) Raymond Williams, *The Country and the City*, p. 178〔『田舎と都会』、一七〇頁〕.

(3) 本稿が多くを負い、いわば一種の解説を試みているウィリアムズのディケンズ論については、Raymond Williams, Introduction to Charles Dickens, *Dombey and Son*, Penguin, 1970. pp. 11-34; *The English Novel from Dickens to Lawrence*, Oxford UP, 1970; *The Country and the City* などを参照。ウィリアムズは「分かる社会的媒介者 a knowable

social agency」というフレーズを、『ドンビー父子』の鉄道工事描写などについて言及する際に用いている（Williams, Introduction to Charles Dickens, *Dombey and Son*, p. 31）。

(4) Raymond Williams, Introduction to Charles Dickens, *Dombey and Son*, Penguin, 1970. p. 22.［ディケンズ『ドンビー父子』（上）、田辺洋子訳、こびあん書房、二〇〇〇年、四〇―四一頁、『田舎と都会』、二一五―二一六頁］での引用。

(5) 前掲書pp. 31-32における引用［『ドンビー父子』（上）、八八―八九頁、『田舎と都会』、二一九―二二〇頁］。

(6) John Langton and R. J. Morris, eds. *Atlas of Industrializing Britain: 1780-1914*, Methuen, 1986. p. 89［『イギリス産業革命地図――近代化と工業化の変遷 1780-1914』、米川伸一・原剛訳、原書房、一九八九年、八九頁］などを参照。

(7) Williams, Introduction to Charles Dickens, *Dombey and Son*,pp. 24における引用［『ドンビー父子』（下）、田辺洋子訳、こびあん書房、二〇〇〇年、二四八―二四九頁、『田舎と都会』、二一八頁］。

(8) Raymond Williams, *People of the Black Mountains I*, Chatto and Windus, 1989, pp. 37-39.

(9) ジョイ・ウィリアムズの関わり（また彼女の経歴など）については、拙著『「わたしのソーシャリズム」へ――二〇世紀イギリス文化とレイモンド・ウィリアムズ』、研究社、二〇一六年の二二二―二二四頁を参照。また、同書執筆の際に行ったSwansea大学でのアーカイヴ調査の方向性について、次の注で言及するDai Smith氏の助言に大きく負った部分があることを付記しておきたい。

(10) レイモンド・ウィリアムズの小説における「水」の問題については、ウィリアムズの未刊行資料を精査して書かれた伝記Dai Smith, *Raymond Williams: A Warrior's Tale*, Parthian, 2008 の第七章が重要である。Smith はウィリアムズの代表作*Border Country*の原型のひとつとなる未刊行小説*Brynllwyd*について、「この小説［*Brynllwyd*］を通して読者は、水の力について意識させられ……」と記述しており（p. 284）、最初の小説である*Border Country*の準備段階ですでに、ウィリアムズが「水の力」に意識的であったことが示唆されている。

(11) Williams, *People of the Black Mountains I*参照。

江戸時代の「はじめて物語」を追う

―狩野文庫「印本起原取調書《いんぽんきげんとりしらべしょ》」を素材として―

引野亨輔

4 江戸時代の「はじめて物語」を追う
—狩野文庫「印本起原取調書《いんぽんきげんとりしらべしょ》」を素材として—

引野亨輔

はじめに

人は時として事物の起源を語るという行為に、異常なまでの情熱を注ぎます。例えば、「日本で初めてラーメンを食べたのは誰か？」という定番クイズに対する正答は、つい最近までは「水戸黄門」で決まりでした。しかし、中世禅宗寺院の公用日記である『蔭涼軒日録《いんりょうけんにちろく》』に、中華麺らしきものを食べている記録が見つかったため、むしろ「室町時代の禅僧」の方が俄然一目置かれる回答となってきているようです[1]。事物の起源を語るという行為は、軽い話題だけにとどまるものではありません。世界で初めて金属活字を用いたのは、ドイツのグーテンベルクか、それとも高麗の禅僧たちかという世界史的な学術論義[2]も、突き詰めてみればその根幹にあるのは事物の起源を確定しようとする人々の情熱なわけです。そこで、本稿では、事物の起源について語る行為を、「はじめて物語」という言葉で表現し、そのような行為の意味を探究してみたいと思います。

それでは、そもそも我々は、なぜ事物の起源を問いたがるのでしょうか。評論家として多彩な著述活動を展開している紀田順一郎氏は、『事物起源選集』という資料集の解説において、以下のような発言をされています[3]。

物事の始原を知りたいということは、人間の知的好奇心の中でも最も普遍的なものであるから、考証的な学問や研究は古くから存在する。たとえば有職故実学は平安時代には博識の才学を意味したが、くだって儀式の典拠の起源由来から歴史、律令格式の制度などを調べる学となった。いうまでもなく公家や武士にとって、公的行事の運営、日常の作法に通じることは必須の教養であり、そのために先例ということが重んじられた。このほか、室町時代ごろからはじまる辞書類の語源探求の動きにしても、事物起源への関心と無縁ではあるまい。

紀田氏によれば、事物の起源を知りたいという感情は、人間なら誰もが持っている知的好奇心ということになるようです。なるほど、このような説明は確かに説得的です。もっとも、長く歴史学研究に取り組んできた私としては、いつの時代も誰もが「はじめて物語」を語ってきたというだけでは、やや不満に思うところもあります。

例えば、紀田氏も取り上げている有職故実に注目してみましょう。古代史研究の貴重な成果を参照するなら、有職故実の成立には、日本の社会変動が密接に関わっていることになります(4)。日本の古代国家が、中国の影響を受けて律令制を導入していったことは、良く知られていますが、そもそも律令とは、国家運営を円滑化するために整えられた基本法典です。そこで、中核となるべき律令およびその施行細則がしっかり整っていれば、何も膨大な有職故実を記録していく必要はなかったわけです。ところが、九世紀末以降の古代国家では、天皇による私的な人材登用や、私的な臨時行事の国家儀礼への組み入れなどが増加し、いわば「律令の枠外」の部分が次から次へと膨れ上がっていきました。そこで、公的機関ではなく、貴族個々の家において、先例を記録せざるを得なくなり、政治的実践の所産として有職故実が成立したのです。

いきなり専門的な話になりましたが、ここで私が確認しておきたかったのは以下のようなことです。「初めて○○が行われたのはいつだろうか?」という問いは、一見すると純粋な知的好奇心から発せられているように思われます。しかし、実際のところ、純粋な知的好奇心のみから語られた「はじめて物語」というのは、必ずしも多くはありません。古代の有職故実を例に取るなら、事物の起源を確定することは、九世紀末の貴族たちにとって必要に迫られた実践であり、なおかつ特定集団に実益をもたらす行為でもあったわけです。「はじめて物語」の普遍性ばかりに着目することは、その語りの背後にあるかもしれない政治的な意図を、見えにくくするとも言えそうです。

そこで、本稿では、「はじめて物語」全般の普遍的な特徴に注目するのではなく、むしろ時期と事物を狭く絞り込んだ上で、ある「はじめて物語」が語られる際の社会環境や背後関係について、具体的な考察を行ってみたいと思います。そうすることによって、事物の起源を問う行為の特徴が、より明確に見えてくると考えるからです。

一・狩野文庫と「印本起原取調書」

さて、時期と事物を絞り込んで、「はじめて物語」を考察したいという私にとって、大変気になる史料が、東北大学附属図書館の狩野文庫のなかに存在します。「印本起原取調書」（図1・口絵3）がそれです[5]。この史料は、タイトルから窺われるように、「日本で初めて版本が印刷されたのはいつだろうか？」という問いかけへの調査結果を記録したものです。まさしく特定の時期に語られた、特定の事物に関する「はじめて物語」ですので、本稿で取り扱うべき格好の素材と言えるでしょう。

しかし、史料の本格的な分析へと急ぐ前に、まずは東北大学の至宝と呼ばれる狩野文庫について簡単に触れておきましょう。狩野文庫は、狩野《かのう》亨吉《こうきち》（一八六五〜一九四二）が東北帝国大学に寄贈することで成立した一〇万点余りの古書籍コレクションです[6]。狩野亨吉といえば、江戸時代の革新的思想家と称される安藤昌益に誰よりも早く注目した先駆的な業績により、その名を知られています。もっとも、当の本人は、明治四十一（一九〇八）年に京都大学を辞して以降、生涯公職に就くことのなかった自由人であり、書画鑑定をもって自らの仕事と任ずるところが強かったようです。そのような人物が収集した狩野文庫ですので、そこには『日本国見在書目録《にほんこくげんざいしょもくろく》』や『日本書籍考《にほんしょじゃくこう》』など「書物の情報について記録した書物」が多数含まれています。日本における版本の誕生について述べた小冊子「印本起原取調書」もまた、書物の情報に取り憑かれた狩野亨吉の性格を、如実に反映するコレクションの一つとみなすことができそうです。

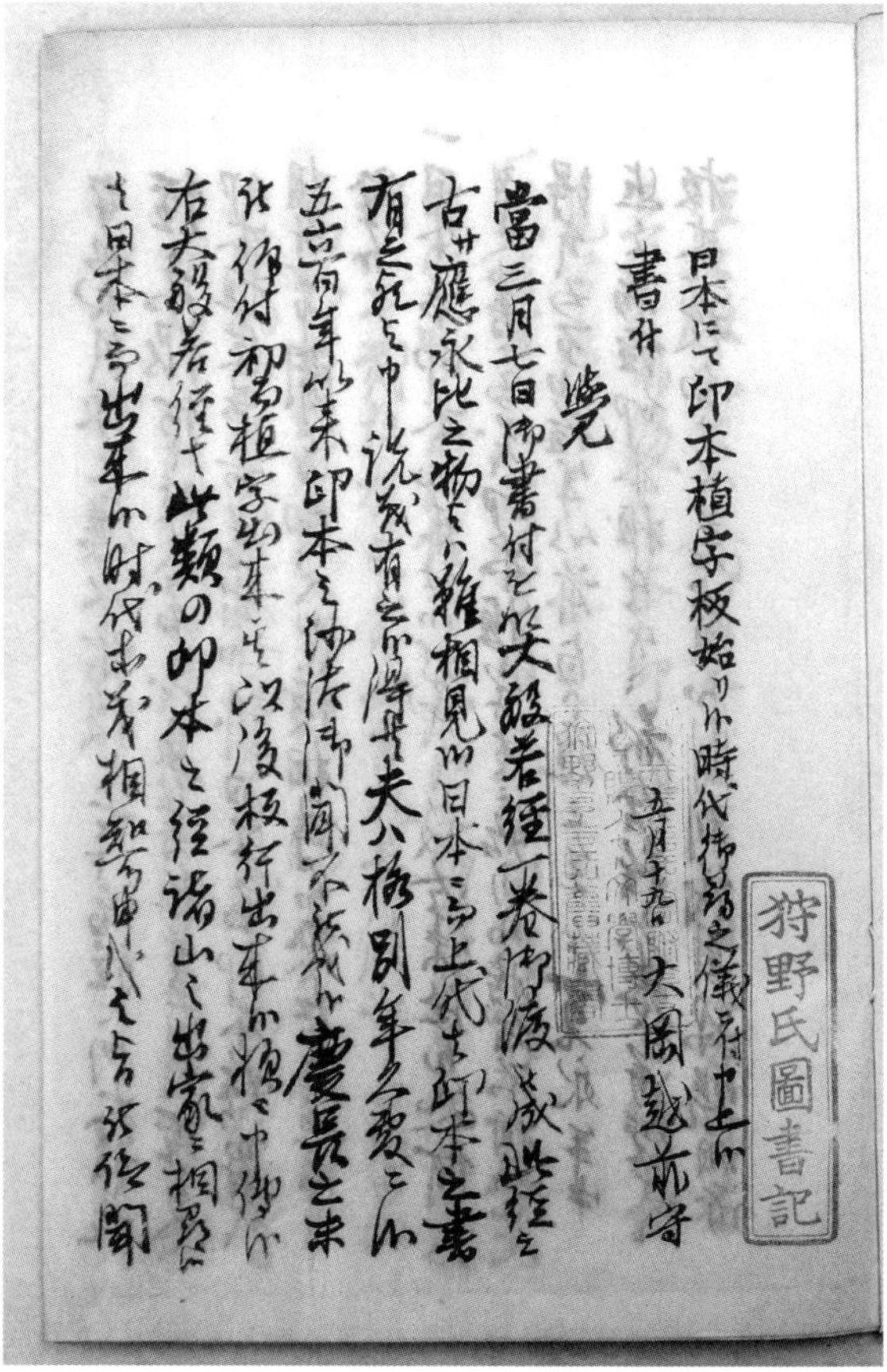

図1　印本起原取調書
（狩野文庫）

ただし私自身は、「印本起原取調書」を用いて、日本で初めて版本が印刷された時期を特定してみるつもりはありません。私の問題関心が、狩野亨吉と全く異なっているのは、ここまでの叙述で、お分かり頂けたことでしょう。私としては、この史料を活用して、いつ誰がどのような理由で「版本はじめて物語」を語ったかという点に迫ってみたいわけです。

長々しい前置きはここまでとして、ようやくここから「印本起原取調書」の本格的な分析に移っていきます。まずは、いつ誰が「版本はじめて物語」を語ったかという基本事項の確認から始めてみましょう。「誰が」については、容易に確定可能です。というのも、「印本起原取調書」の冒頭には、この記録の作成者として「大岡越前守《おおおかえちぜんのかみ》」の名が記されているからです。日本で初めて版本が印刷された時期の調査を実施したのは、大岡裁きで有名な大岡忠相《ただすけ》であったことが分かります。

次に「いつ」についてですが、実は「印本起原取調書」のなかに、この史料の作成時期をはっきりと確定させる記載はありません。ただし、後に触れる『大岡越前守忠相日記』に、これと類似する記録が残されているため[7]、「印本起原取調書」は寛保三（一七四三）年作成の史料であると推定できます。寛保三年といえば、八代将軍徳川吉宗にとって在位最晩年に当たります。江戸町奉行としてのイメージが強い大岡忠相も、吉宗の重用によってさらに栄達を重ね、寺社奉行になっていました。

それでは、なぜ大岡忠相は、寛保三年という年に、日本で初めて版本が印刷された時期の調査などを思い立ったのでしょうか。「印本起原取調書」によれば、以下の通りです。同年三月七日、老中首座の松平乗邑《のりさと》から大岡忠相宛てに、書簡一通と大般若経一巻が送られてきました。その書簡の内容は、次のようなものでした。「今回お送りした大般若経は、応永年間（一三九四〜一四二八）のものと伝えられているのですが、私にはどうもそんな古いものには見えません。そこで、仏教諸宗の寺院が所蔵している古い印刷物を調査して、この大般若経の成立年代を確定し、さらに日本で初めて木版印刷や活版印刷が行われた時期についても、調べてもらえないでしょうか。」

良く考えてみると、この問い合わせ自体が、かなり奇妙な出来事ではあります。何しろ幕閣第一の実力者が、寺社奉行に怪しげな仏教経典を送り付け、その成立年代を調べよと命じているわけです。しかし、なぜそんな出来事が起こったかを考えるのは後回しにして、とりあえず大岡忠相がこの依頼にどのように対処したかを確認しておきましょう。

老中首座からの依頼をむげに断るわけにもいかなかった大岡忠相は、早速江戸城下町の大寺院に対して、版本の起源を問い合わせました。諸寺院の側も、当然寺社奉行からの問い合わせには、丁寧に対応しましたが、具体的な回答方法としては、所蔵している古い仏教経典を持参し、その特徴を簡単に説明する場合が多かったようです。

ただし、そのなかでも他に抜きん出た熱量で版本の起源について語った寺院が存在します。それが、徳川家の菩提寺として別格の権威を誇示した浄土宗の増上寺です。当時増上寺の事務方トップであった了碩《りょうせき》という僧侶は、わざわざ帳面一冊を提出して、大岡忠相に版本の起源を説明しました。そこで、次節では、もっぱら了碩の主張に注目しながら、江戸時代の「版本はじめて物語」について、考察を進めていきたいと思います。

二．増上寺了碩の強弁

さて、ここでは、やや細かい作業となりますが、「印本起原取調書」に記された了碩の生の言葉を取り上げながら、増上寺にとっての「版本はじめて物語」を考察していきます。なお、あらかじめ断っておきますと、了碩の主張には、現代の歴史学研究に照らし合わせれば、事実誤認とみなされる箇所も多く含まれ、わざと情報操作をしているとしか考えられない箇所まであります。しかし、そのような強弁を含むからこそ、了碩が「版本はじめて物語」に込めた戦略も良く見えてくるのです。例えば、了碩が真っ先に述べた版本の起源に関する以下の言及は注目すべきものです。

> 建暦《けんりゃく》以前ニハ日本ニ而書籍を板行不仕候哉《はんこうつかまつらずそうろうや》、九条関白道家公、纔《わずか》千八百八拾二字之阿弥陀経、美濃紙《みのがみ》ニ摺候ハ《すりそうらわば》、五枚計《ばかり》之板木《はんぎ》を異国江彫りニ被遣《つかわされ》候事、勅修御伝《ちょくしゅうごでん》与《と》申書ニ相見申候

了碩の主張の特徴は、はっきりと年号を示しながら、版本の起源を論じたことです。すなわち、建暦年間（一二一一～一二一三）以前に、日本で版本が印刷されたことはないというわけですが、現存する高野版や春日版の作成年代を踏まえれば、もう少し早い時期から版本の印刷は確認できますので[8]、この主張は事実誤認とみなさざるを得ません。

もっとも、了碩自身は、しっかりと論拠まで示して、建暦年間以前に、まだ日本に印刷技術がな

かったであろうことを論じています。彼によれば、九条道家（一一九三〜一二五二）は、大きな美濃紙に印刷すれば板木五枚ほどで足りる阿弥陀経を、異国（宋）で印刷させるため、使者を派遣しています。このことは、『勅修御伝』という書物にも載る確かな事実だそうです。わざわざ海を渡って宋で印刷させているのだから、この九条道家の阿弥陀経開版以前に、日本に印刷技術は存在しなかったと了碩は述べるのです。

しかし、これだけでは、よほど日本史に詳しい人でもなければ、了碩が示した論拠を正確に理解できないと思いますので、もう少し詳しい解説を補足しておきましょう。まず九条道家という人物ですが、彼は『玉葉』の著者として有名な九条兼実（一一四九〜一二〇七）の孫です。その九条道家の阿弥陀経開版については、『勅修御伝』に記録されているというのですが、『勅修御伝』とは、『法然《ほうねん》上人行状絵図《しょうにんぎょうじょうえず》』あるいは『四十八巻伝《しじゅうはちかんでん》』などとも称される法然の伝記です。数種類あった法然の伝記を、勅命によって一つにまとめたと伝えられるため、『勅修御伝』の名で呼ばれています(9)。法然の伝記は、当然ながら弟子たちによって師匠の行状を讃えるべく作成されたわけですが、本当にそのなかに九条兼実の孫が登場するのでしょうか。

結論からいうと、『勅修御伝』には確かに九条道家の阿弥陀経開版が記録されています。岩波文庫に収録されている『勅修御伝』であらすじを確認してみると、それは以下のようなものです(10)。九条道家の祖父である九条兼実は、史実としても晩年に深く法然に帰依した人物ですが、『勅修御伝』のなかでは、史実に輪をかけて理想的な信者として描き出されています。例えば、法然は承元《じょうげん》の法難（建永の法難）で流罪となりますが、九条兼実は嘆きのあまり病が重くなり、まもなく念仏を唱えながら亡くなったと記されます。『勅修御伝』に九条道家が登場するのは、この記事の直後です。すなわち、九条兼実の息子である九条良経（一一六九～一二〇六）は父親に先立って亡くなっていたが、孫が祖父の思いを継いで熱心な法然の信者になったと、ここで九条道家が登場するわけです。『勅修御伝』の原文からその描かれ方を抜き出しておくと、以下の通りです。

東山の禅閤《ぜんこう》（九条道家―引野注）、家督にて御あとをうけつがせ給《たまい》き。月輪殿《つきのわどの》（九条兼実―引野注）御帰依の余慶をうけ、おなじく上人の勧化《かんげ》を御信仰ありけり。ことに六方恒沙《ろっぽうごうじゃ》の諸仏の証誠《しょうじょう》をたうとみて、阿弥陀経十万巻、摺写《しょうしゃ》の大願をおこし、かた木を異朝にひらかせられて、摺写の弘通《ぐずう》をひろくせらる。かの経おほく吾朝《わがちょう》に流布せり。

『勅修御伝』の狙いは、関白の地位にまで昇った九条兼実が、晩年どれほど熱心な法然信者になったかを、生き生きと描き出すことでした。そこで、法然流罪の衝撃によって九条兼実が亡くなったという記事の直後に、その遺志を継いだ九条道家の阿弥陀経開版が記されたのです。了頓は、この記事に着目し、「版本はじめて物語」の論拠にしようとしました。彼によれば、九条兼実死去の直後に九条道家が阿弥陀経開版を思い立ったのだから、それは承元元（一二〇七）年頃のこととなります。しかも、阿弥陀経開版は、わざわざ宋に使者を派遣して行われたのだから、まだこの時点で日本に印刷技術は存在せず、その後建暦年間になって初めて日本で印刷が行われたのだというわけです。

了碩の主張は、論拠となる史料を示しつつ展開されており、一見妥当なようにも思われます。しかし、結論から言うと、そこには多くの事実誤認や情報操作が含まれています。

まず根本的な誤解について、指摘しておくと、九条道家が宋に使者を派遣して阿弥陀経を開版した事実は、その当時日本に印刷技術がなかったことの証拠にはなりません。『勅修御伝』にも、阿弥陀経開版が「摺写の大願」と表現されているように、鎌倉時代当時の貴族たちにとって仏教経典の開版とは、現代の写経供養に近い意味を持つものでした。教えの流布や修学の効率化を目的として印刷するのではなく、写経以上の功徳になると信じて印刷するわけです。そうであれば、経典開版事業は、安価に済ませられるならどこで実施しても良いというわけにはいきません。例えば、当時最高級の品であった宋版一切経は、鎌倉時代の貴族たちにとって憧憬の対象であり、それらが作られた宋とは、経典開版の聖地と呼ぶべき場所でした。安易に日本で印刷するよりも、苦労して宋で印刷し、供養の価値を一層高めたいというのは、当たり前の願望だったのです。つまり、九条道家が宋に使者を派遣して阿弥陀経を開版したのも、日本に印刷技術がなかったからではなく、印刷の聖地である宋への憧憬によるものだったと言えるでしょう[11]。

鎌倉時代の人々なら当然理解できたであろう異国での経典開版の意義に、了碩が全く思い至らなかったのは、単純に彼が鎌倉時代の事情に精通していなかったためかもしれません。しかし、それ以上に問題なのは、了碩が、九条道家の阿弥陀経開版を承元元年頃のことと理解し、そこから日本における版本印刷の起源を建暦年間と主張している点です。実は『勅修御伝』をちゃんと読んでさえいれば、九条道家の阿弥陀経開版を承元元年頃と推定することはあり得ません。なぜなら、右に引用した阿弥陀経開版の記事に続いて、九条道家の記した発願の文章が引用されており、その文章には「于時《ときにおいて》文暦《ぶんりゃく》第二歳乙未《きのとひつじ》仲春第二日」という発願の日付が明記されているからです。つまり、阿弥陀経開版は、九条兼実の死去に伴って承元元年頃に行われたのではなく、それから三十年近く時が経った文暦二（一二三五）年以降に行われたのです。

論理的に考えれば、これは当然でしょう。承元元年頃の九条道家は、十代の若者です。父親の早世により、若くして家督は継いだものの、宋に使者を派遣して経典開版を行い得る力量は有していません。他方で、文暦二年ともなれば、彼は四十代になっており、朝廷内での権勢も絶頂を迎えておりました。宋での経典開版という大事業を企画するのに、ふさわしい年齢と言えるでしょう。『勅修御伝』のなかで、あたかも九条兼実死去直後の出来事のように九条道家の阿弥陀経開版が紹介されているのは、法然信者たちの篤信ぶりを立て続けに描きたいという『勅修御伝』執筆者側の事情によるものでしかありません。

さて、以上のように、『勅修御伝』を普通に読めば、九条道家の阿弥陀経開版は文暦二年以降の出来事であり、承元元年頃の日本に印刷技術が存在しなかった論拠にはなり得ません。そして、浄土宗の僧侶である了碩が、法然の伝記である『勅修御伝』を安易に誤読してしまったというのも、なかなか考えにくい事態なわけです。もしかすると、了碩には、是が非でも印刷の起源を建暦年間であると強弁したい事情があったのでしょうか。

　了碩を始めとする浄土宗の僧侶にとって、建暦という年号が特別な意味を持っていることは、彼が大岡忠相に提出した帳面のなかにも、はっきりと記されています。「印本起原取調書」から原文を抜き出しておくと、以下の通りです。


　建暦二壬申《みずのえさる》年九月八日、円光大師《えんこうだいし》（法然—引野注）作選択集《せんちゃくしゅう》彫刻出来仕《しゅったいつかまつり》候、此年道家公二十歳正二位内大臣、是を以考候処、建永・承元之六ヶ年之間、道家公十四歳より十九歳迄之内ニ異国江板木彫リニ被遣候ニ而可有御座《ござあるべく》候（中略）然ハ建暦年中ニハ日本ニ而彫刻本有之候儀分明ニ而、夫より段々相続キ印本流布仕候、建暦より以前之彫刻本いつれ之書籍ニ而も見当不申《みあたりもうさず》候

　了碩が執拗に日本で初めて印刷が行われた時期と主張した建暦年間とは、法然の『選択本願念仏集』が開版された時でもありました。ちなみに、建暦二（一二一二）年に開版されたこの『選択本願念仏集』は、嘉禄三（一二二七）年に比叡山の圧力によって板木焼却の憂き目にあったとされる、いわくつきの書物でもあります。

　以上の事実を踏まえると、了碩がずさんな論拠に基づきつつ、建暦年間こそ日本で初めて印刷が行われた時期だと強弁した真意も、かなり明確になってきたのではないでしょうか。恐らく了碩に

は、浄土宗の開祖法然が著した『選択本願念仏集』を、版本の起源に定めたいという願望がありました。そのような了碩にとって、九条道家の阿弥陀経開版は、どうしても『選択本願念仏集』以前の日本に印刷技術が存在しなかった論拠となって欲しい出来事でした。阿弥陀経開版が文暦二年の出来事であるという普通なら読み落とすはずのない記事を、了碩がなぜか無視した理由はこの辺りにあると思われます。こうして了碩は、かつて守旧勢力から弾圧された浄土宗の屈辱の歴史を、日本で初めて印刷を行った栄光の歴史へと巧みに読み替えつつ、「版本はじめて物語」を語ることができたのです(12)。

さて、ここまで確認してきたように、増上寺了碩が語った「版本はじめて物語」とは、浄土宗の開祖法然を讃える露骨に我田引水的なものであり、逆にいえば、だからこそ政治的背景が明白に分かる事例です。何しろ了碩には、『選択本願念仏集』を日本初の版本に位置付けたいという意志が満ちあふれており、そのために強引な情報操作まで行ったわけです。もちろん、了碩の事例はかなり極端なものですが、「はじめて物語」は、時として露骨に、時としてさりげなく、ある集団や個人に実益をもたらす事柄を組み入れて語られるものと言えるでしょう。既に触れたように、純粋な知的好奇心から語られる「はじめて物語」は、実はそんなに多くないのです。

もっとも、本節で紹介した「版本はじめて物語」は、あくまで了碩を始めとする浄土宗教団にとっての物語です。問い合わせを行った側の大岡忠相や松平乗邑に、この建暦年間＝版本起源説が共有された形跡はありません。むしろ、後述するように、彼らにとって、了碩が語るようなレベルの

「版本はじめて物語」は、全く不要なものでした。

それでは、彼らにとって、日本で初めて版本が印刷された時期を問うことは、何を意味していたのでしょうか。次節では、松平乗邑がなぜ怪しげな大般若経一巻の成立年代を知りたがったのかという問題にあらためて着目し、「版本はじめて物語」のさらなる深部に迫ってみようと思います。

三、大般若経一巻の正体

本節で明らかにしたいのは、寛保三年に老中首座の松平乗邑が、寺社奉行の大岡忠相に対して大般若経一巻を送り付け、その成立年代ならびに日本における版本の起源を解き明かさせようとした根本的な理由です。もっとも、「印本起原取調書」の情報だけでは、残念ながらこの謎に迫ることができません。そこで、本節では、大岡忠相の置かれた環境が、より詳細に分かる『大岡越前守忠相日記』も併用しつつ、考察を進めましょう。

まず注目したいのは、大般若経一巻が送り付けられてきた寛保三年に、松平乗邑が寺社奉行に対して、ある別の依頼も行っている事実です。大般若経に関する問い合わせは同年三月七日に行われたのですが、それより少し前の一月十九日にも松平乗邑は、少々面倒な依頼をしています。『大岡越前守忠相日記』から原文を抜き出すと、以下の通りです[13]。

左近《さこん》殿（松平乗邑―引野注）、自分・紀伊守（本多正珍《まさよし》、当時寺社奉行―引野注）江被仰聞《おおせきかされ》候ハ、因幡守（山名豊就《とよなり》、当時寺社奉行―引野注）被申上《もうしあげられ》候宝樹院様三百五十回御法事之義、御留書《おとどめがき》とも御吟味有之所、三百年忌御法事有之段不相見《あいみえず》候（中略）然らは当年三百五十回之義者《は》いつれよりくり出候哉、御位牌又ハ御石碑等ニも有之書出し候哉、何より書出し候哉

少々分かりにくい史料なのですが、松平乗邑がここで寺社奉行たちに問い質したのは、「宝樹院」の三百五十回忌を本当に寛保三年に行って良いのかということです。まだこの段階で、大般若経の成立年代や版本の起源とは、何ら関係がなさそうな話題ですが、めぐりめぐって大般若経と繋がってきますので、もう少し読み解きを続けたいと思います。

ここに登場する「宝樹院」は、正しくは「芳樹院」で松平親氏《ちかうじ》を指すと考えられます[14]。松平親氏といっても現代人にはピンときませんが、江戸時代の武士階級にとって、忘れてはならない人物でした。というのも、彼は松平氏の始祖とされる人物だからです。松平氏が、清和源氏の末裔を自称していたことは良く知られていますが、さらに詳しく述べますと新田氏支流の世良田《せらた》氏末裔ということになります。世良田氏は、上野国新田郡世良田郷に所領を有していたのですが、南北朝動乱期には、足利氏の追討を逃れて諸国を放浪し、三河国松平郷に潜んだ後、土地の領主松平信重の婿養子に迎えられたとされます。この人物が松平親氏であり、松平氏の始祖になるというわけです。

もちろんこれは、三河国で勢力を増大させた松平氏が、三河吉良氏（足利一門）に対抗して、後

表1　松平（世良田）親氏の没年をめぐる諸説

年月日	典　　拠	備　　　考
康安元年（1361）4月20日	大樹寺記録（三河国大樹寺村）	大樹寺（浄土宗）は徳川歴代将軍の位牌を安置する寺院として有名。松平氏4代親忠の頃に高月院から分骨されて松平氏初代親氏・2代泰親・3代信光の墓を設置した。
応永元年（1394）4月24日	高月院記（三河国松平村）	高月院（浄土宗）は松平親氏を埋葬した寺院と伝承され、御廟や位牌も存在する。
応永20年（1413）某日	信光明寺縁起（三河国岩津村）	信光明寺（浄土宗）は松平氏3代信光が建立した寺院で、高月院から松平氏初代親氏・2代泰親の墓を引き移したと伝承される。
永享9年（1437）某日	妙昌寺位牌（三河国梁山村）	妙昌寺（曹洞宗）も松平親氏を埋葬した寺院であることを主張し、御廟や位牌も存在する。
応仁元年（1467）4月20日	徳川歴代記	

（※平野明夫『三河松平一族』より主要な説を抜粋）

に創り上げた由緒であると思われますので、全面的に信頼できる内容ではありません。そして、そのような経緯を反映してか、松平親氏の経歴には多数の矛盾が存在します。例えば、彼の没年をめぐっては、いくつもの説が乱立しているわけです。表1は、平野明夫氏の『三河松平一族』を参照しつつ、松平親氏の没年について、主な説を列挙したものです。このなかで、最も早く亡くなったとするのは『大樹寺記録』の康安元年、最も遅く亡くなったとするのは『徳川歴代記』の応仁元年ですが、両説の間には百年以上の隔たりがあります。松平親氏という人物は、松平氏の始祖でありながら、没年一つとっても確定的なことが何も言えない、謎に満ちた人物ということになります。ちなみに、現代人にとってみれば、ある人物の没年が、明治三十三（一九〇〇）年か、平成十二（二〇〇〇）年か、いずれか良く分からないという事態に直面することは、ほぼあり得ません。しかし、歴史学研究に携わっていると、この手の話には案外良く遭遇します。

そもそも江戸時代とは、寺社・村・町などの単位で、徳川家との関わりを示す由緒が盛んに主張された時期でした。例えば、遠江国山東村《やまひがし》は、かつて武田氏との戦いに勝利した徳川家康に対し、勝栗を献上したという由緒を有しており、江戸時代にも幕府への勝栗献上を続けていました。もちろん、ただ献上するだけではなく、献上役を果たす特別な村ということで、他の役負担は免除するよう、幕府と交渉を行っていたわけです(15)。

こうした事例を踏まえると、松平親氏の没年をめぐって諸説が入り乱れる理由も、明らかになってきます。三河国の諸寺社にとって、松平氏の始祖である親氏ゆかりの地という肩書きは、是非とも手に入れたかったものです。そこで、各寺社が松平親氏と結び付く由緒を創り出し、それぞれの由緒に適合するかたちで、彼の没年をいくつも生み出していったというわけです。

さて、話をもう一度寛保三年に戻しましょう。『大岡越前守忠相日記』には、この年に松平親氏の三百五十回忌を挙行しようとした張本人は記されていないのですが、表1を作成したことで、その正体がほぼ明らかになったかと思われます。遠忌を企画したのは、恐らく高月院に関係する人々です。というのも、高月院が主張する応永元年を松平親氏の没年としない限り、寛保三年は三百五十回忌に当たらないからです。つまり、老中首座の松平乗邑は、寛保三年に高月院関係者が松平親氏三百五十回忌の挙行を願い出ていると知り、その事情を寺社奉行に問い合わせたのです。

江戸時代を生きた松平乗邑にとって、高月院のように松平氏との繋がりを主張してくる寺院の存在は、さほど珍しいものではなかったでしょう。さらにいえば、松平氏の始祖を地域社会において顕彰すること自体は、徳川幕閣にとって望ましいことですらあったはずです。ただし、ここで問題なのは、既述のように松平親氏の没年をめぐって諸説が紛々としていたことです。もし下手に高月院の三百五十回忌挙行を幕府公認の行事としてしまっては、大樹寺や信光明寺から不満が噴出し、もめ事が起こらないとも限りません。松平乗邑の懸念は恐らくこうしたところにあり、万全を期すため、本当に寛保三年を松平親氏の三百五十回忌として良いのかと、寺社奉行に問い合わせたのだと考えられます。

もちろん、高月院にだけ松平親氏没年の証拠を問い質しても、問題の根本的な解決にはならないでしょう。そこで、松平乗邑は、三河国の寺社で松平親氏に関わる由緒を持っている者がいれば、その内容を書き出して提出させるよう、寺社奉行に指示を出しました。各寺社の持つ由緒の差異が、もめ事に繋がる可能性はないか、事前に把握しておこうとしたのでしょう。

こうした経緯を確認してみると、松平乗邑は、怪しげな大般若経を寺社奉行に送り付けて、その作成年代を問うただの好事家だったわけではなく、地域秩序の安定を目指して用意周到に布石を打つ、優れた政治家であったことが良く分かります。もっとも、三河国の諸寺社に松平親氏との由緒を書き出させたことは、結果としていえば、さらに面倒な問題を引き起こすこととなりました。

ここで、版本の起源を調査するきっかけとなった寛保三年三月七日付けの松平乗邑の問い合わせを、『大岡越前守忠相日記』から原文で抜き出してみましょう[16]。

> 左近殿被仰聞候ハ、此経之古サ応永之頃之物とは難相見《あいみえがたく》候、日本にて上代者《は》印本之書有之歟《か》と申説も有之候得共《これありそうらえども》、夫《それ》ハ格別年久敷《としひさしき》儀ニ候、五六百年已来印本之沙汰不 承《うけたまわらず》候、慶長之末被仰付、初而《はじめて》植字出来、其已後板行出来候様ニ申伝候、右大般若経者《は》、此類之印本之経、諸山之出家ニ相尋候ハヽ、日本にて出来候時代等も相知可申哉事《あいしれもうすべきやのこと》と有之御書付一通、并大般若経一折箱ニ入、其上を引合紙《ひきあわせがみ》ニ而包御渡し（中略）又被仰候者《は》、此経応永頃徳阿弥様御奉納之由有之候、紙も新敷《あたらしく》見《み》江《え》候付《につき》、如何と被思召《おぼしめされ》候ニ付、御吟味有之事ニ候

寛保三年三月七日に、松平乗邑から大岡忠相に対して大般若経一巻が送り付けられ、その作成年代調査が依頼されたことは、既に触れた通りです。ただし、「印本起原取調書」では確認できなかった重大情報を、『大岡越前守忠相日記』からは読み取ることができます。すなわち、この時送られてきた大般若経一巻とは、応永年間（一三九四～一四二八）に「徳阿弥様」が奉納したものでした。この徳阿弥とは、松平親氏が足利氏の追討を逃れ、時宗の僧侶となって諸国を放浪していた時に用いた名乗りです。つまり、松平乗邑が作成年代を知りたがった大般若経一巻とは、松平親氏が奉納したと伝えられるものだったのです。なぜこのようなものが彼の手に渡ったのかは言うまでもないでしょう。寛保三年に彼自身が、三河国の諸寺社に対して、松平親氏に関わる由緒を持っている者が

表2　松平（世良田）親氏の寄進物を所持している寺社

寺社名	寄進物	寄進者名
正寿寺 （三河国黒田村、曹洞宗）	明徳4年（1393）の 山林田畑寄進状	新田左京亮親氏
足助八幡宮 （三河国宮平村）	応永27年（1420）寄進の 大般若経1巻	徳阿弥
万松寺 （三河国滝村、曹洞宗）	応永34年（1427）寄進の 妙法蓮華経8巻	松平太郎左衛門親氏

（※『朝野旧聞裒藁』を参照して作成）

いれば書き出すよう命じたからです。

ちなみに表2は、幕府が編纂した編年体の史料集成『朝野旧聞裒藁《ちょうやきゅうぶんほうこう》』を参照して、松平親氏からの寄進物を伝え持っている寺社を列挙したものです。このうち足助八幡宮所蔵の大般若経は、応永二十七年に寄進されており、しかも寄進者の名乗りが徳阿弥となっておりますので、松平乗邑は、この大般若経の作成年代を知りたがっていたと考えてほぼ間違いありません。

自分が依頼したとはいえ、足助八幡宮からこのような松平親氏ゆかりの品が出てきて、松平乗邑は少々困ったことでしょう。今年まさに三百五十回忌を挙行しようという高月院の立場からすれば、松平親氏は応永元年に死没していなければなりません。しかし、足助八幡宮の大般若経一巻は、まだ諸国放浪中を思わせる徳阿弥の名乗りで応永二十七年に寄進されているのです。そこで、両者の矛盾を解決すべく、寺社奉行への問い合わせが行われたわけです。

なお、この時の松平乗邑は、大般若経一巻に対して、自分は応永年間作成というほど古い品には見えないのだがと、偽造をほのめかしつつ問い合わせを行いました。そうしますと、彼は高月院の由緒（松平親氏の没年＝応永元年）を支持する立場にあり、その由緒を否定しかねない足助八幡宮の大般若経一巻に対しては、なるべく贋物であるとの判定を下したかったようにも見えます。しかし、一月十九日に松平乗邑が行った発言に注目すると、彼は高月院の三百五十回忌挙行に対してもかなり厳格な姿勢で臨み、三百回忌を挙行した記録もないようなのに、なぜ寛保三年を三百五十回忌とみなせるのか、根拠を示せと命じているわけです。そうしますと、彼自身に特定の由緒を擁護する意図は希薄であり、あくまで中立的な立場から、諸寺社が主張する由緒の当否を判定していると捉えた方が良さそうです。このような幕閣の態度については、後でもう少し考察を加えるつもりです。

ともあれ、大般若経の正体が判明したことにより、大岡忠相や、彼に調査依頼をした松平乗邑にとっての「版本はじめて物語」の意味も明らかになってきました。大岡忠相は、松平乗邑の依頼を受けて、確かに日本における版本の起源を江戸城下町の大寺院に問い合わせました。しかし、それは「日本で初めて版本が印刷されたのはいつだろうか?」という純粋な知的好奇心に端を発するものではありませんでした。彼らの関心は、あくまで三河国における地域秩序の維持にあり、そのために足助八幡宮所蔵の大般若経一巻の真贋を判定しようとしたのです。応永二十七年に印刷された大般若経となれば、かなり古いものですから、三河国のような地域社会で同じ時期に仏教経典の印刷が可能であったのか、類似する品と照らし合わせて判定するのが妥当な手段です。当然その過程で、そもそも日本で最も古い印刷物はどのようなものか、検証する必要も出てくるでしょう。彼らにとっての「版本はじめて物語」とは、日本における版本の起源が特定されれば、それで満足という単純なものではなく、地域社会のもめ事を未然に回避しようとする高度に政治的な行為だったのです。

以上のように考えますと、版本の起源を問う大岡忠相に対して、あまりに素直に対応した増上寺了碩の調査結果が、実は全く不要な情報であったという結論も、理解して頂けることでしょう。何しろ了碩は、ひたすら『選択本願念仏集』こそ日本で初めて印刷された版本だと述べるばかりであり、それは大般若経一巻の真贋を判定するのに、何ら役に立たない情報だったからです。

なお、大岡忠相の問い合わせに対応した寺院のなかには、増上寺とは対照的に幕府の意図を勘ぐりつつ、回答を行った者もいました。その典型が寛永寺の事務方トップを務めていた竜王院です。寛永寺といえば、幕府に重用された天海（一五三六〜一六四三）が東の比叡山とすべく開基した天台宗寺院であり、増上寺と並び称される江戸城下町の大寺院です。しかし、大岡忠相に対する竜王院の回答は、了碩のそれとはまるで異なるものでした。寛保三年三月九日、寺社奉行所に呼び出された竜王院が、大岡忠相に語った内容を、『大岡越前守忠相日記』から原文で抜き出しておくと、以下の通りです[17]。

今朝竜王院呼寄、一昨日左近殿御申聞候御書付之趣書付相渡、大般若経も見せ候処、成程《なるほど》応永之頃之経とは不相見新敷見江候、上野（寛永寺―引野注）ニ慈眼大師《じげんだいし》（天海―引野注）之奉納之経有之候、此紙之古びと同前之様ニ被存《ぞんぜられ》候旨申ニ付、左候ハヽ《さそうらわば》、此経持参候而、引競《ひきくらべ》見合《みあわせ》可申聞《もうしきかすべき》由申達、大般若経箱共相渡遣之《これをつかわす》、又竜王院申候ハ、応永之時分折本《おりほん》ニハ諸経不仕《つかまつらず》、

巻物に致し、近来ハ如此《かくのごとく》折本ニ致候様ニ承《うけたまわり》および候由申ニ付、いつれニも吟味候て可申聞由申達候

大般若経を見た竜王院は、確かにこれは応永年間に印刷された古い経典ではないですねと最初に明言し、続けて寛永寺にある天海奉納の経典と比較すれば、同じ時期のものであると判明するのではないかと提案しました。つまり、せいぜい江戸時代初期のものでしょうと回答したわけです。ちなみに、大般若経一巻は、「折本」、すなわち蛇腹状に装丁されていたようですが、竜王院はこのことにも言及し、古い経典の多くは巻子本《かんすぼん》なので、装丁からも随分新しく見えると付け足しました。

大岡忠相側の意図を一切無視して、浄土宗にとっての「版本はじめて物語」を熱弁した了碩と、右のような回答を行った竜王院とで、どちらの行動が優れたものであるかは、一概に判断できません。しかし、まるで幕府の意図に忖度するかのような竜王院の回答は、大寺院の事務方トップとして、ある意味で見事なものだったとも言えるでしょう。

ただし、大岡忠相や松平乗邑が、竜王院の意見を取り入れて、大般若経一巻を贋物であると判定したわけではありません。松平親氏との繋がりを捏造したとして、足助八幡宮が処罰されることもありませんでした。その一方で、寛保三年の松平親氏三百五十回忌についても、幕府公認の行事とみなすことはありませんでしたが、高月院に挙行中止の命が下ることはありませんでした。

十分な史料がないため、これ以上断言はできませんが、恐らく幕閣の意図は以下のようなもの

だったのでしょう。諸説紛々としている松平親氏の由緒をめぐって、地域社会でもめ事が起きる事態だけは、大岡忠相や松平乗邑は何としても避けたかったわけです。そこで彼らは、紛争が起こった時、迅速に対処できるように、三河国の諸寺社から由緒を書き出させるなど、事前の情報収集には熱心に努めました。ただし、足助八幡宮が所蔵する大般若経一巻を偽造であると糾弾することや、高月院が企画している三百五十回忌の挙行を中止させることは、それ自体、地域社会に混乱をもたらす危険性があるため、あまり強硬な施策は行いたくなかったのではないでしょうか。松平親氏の遠忌も、彼の寄進物に対する顕彰も、地域社会のなかで私的に行われている限り、それらは幕府にとっても好ましいことだったわけです。

最後に、本当に蛇足のような問いになりますが、大岡忠相自身は、松平乗邑からの版本の起源を調査せよという依頼に、最終的にどう回答したのでしょうか。「印本起原取調書」から原文を抜き出しておくと、以下の通りです。

日本ニ而印本出来仕候時代之儀吟味仕候処、何れ之書ニ而も、印本・植字共ニ始り候時代不相知候

寺社奉行として江戸城下町の大寺院に問い合わせ、古い経典をいくつも差し出させた大岡忠相は、以下のように結論しました。「日本で初めて版本が印刷された時期は良く分かりませんでした。」随

分拍子抜けする回答ではあります。しかし、これも立派な「版本はじめて物語」ではないでしょうか。優秀な政治家である大岡忠相は、今回の調査で大般若経一巻の真贋が特定されたり、『選択本願念仏集』＝日本最初の版本という主張の可否が判定されたりしてしまうと、様々な不都合が生じることを良く了解していました。だからこそ彼は、あえて起源を一つに特定しないというかたちの「はじめて物語」を語ってみせたわけです。

おわりに

さて、ここまで狩野文庫のなかの「印本起原取調書」という小冊子を手がかりとして、江戸時代の「版本はじめて物語」を追ってきました。もちろん、版本起源の特定が本稿の目的でないことは、最初にお断りした通りです。しかし、「はじめて物語」には、どうしても一つの回答を求めたくなる性質が潜んでいるのも事実です。紀田順一郎氏の言葉を再び取り上げるなら、事物の起源を問うのは、人間の知的好奇心の中でも最も普遍的なものというわけです。そうであれば、大岡忠相の拍子抜けする「版本はじめて物語」に対して、がっかりされた読者も多いことでしょう。

私自身、長く日本史研究に取り組んでおりますので、日々学生に事物の起源について問いかけ、一つの回答を誘導しているとも言えます。「日本における国家の起源は?」「日本における民主主義の起源は?」考えてみれば、私も日常のなかで事物の起源を一つに特定させる作業ばかり行っているわけで、拍子抜けする「版本はじめて物語」にがっかりされた読者を笑うことはできません。

ただし、昨今の日本史研究、というより日本史教育の現場において、事物の起源を一つに特定させない語りへの摸索が起こってきているのは事実です。例えば、鎌倉幕府について、その成立を建久三（一一九二）年の源頼朝征夷大将軍就任に一元化させる説明が、あまり用いられなくなっているのは、周知の事実でしょう。ある高校日本史教科書では、鎌倉幕府の成立について、以下のように説明しています[18]。

鎌倉幕府の成立時期をめぐっては、幕府の性格をどのようにとらえるかによって、頼朝が南関東を掌握した一一八〇年末、東国支配権を公認された一一八三年、守護・地頭の設置を公認された一一八五年、頼朝が征夷大将軍に就任した一一九二年など、諸説ある。

もちろん、定説がないという事実を、そのまま高校生に教えることへの賛否は様々にあることでしょう。しかし、私個人としては、「なぜ鎌倉幕府の起源は一つには定められないのか？」や「そもそもなぜこれまで鎌倉幕府の起源を一つだけに特定しようとしてきたのか？」を考えてみることも、学生にとって歴史学の醍醐味を知る良い経験なのではないかと思っています。

同様に、我々の日常にあふれる「はじめて物語」に対しても、一つの回答を熱心に求めるだけではなく、問いかけが発せられる背景や、起源が一つに特定されたことで生じる影響にも、時に注意を向けてみて良いのではないかと思います。

例えば、日本における近代活版印刷の祖は、一般的には本木昌造であるとされています。しかし、川田久長氏の『活版印刷史』によれば、明治初期の日本には、本木昌造以外にも、日本語活字の改良に努めた民間業者は何人もいました。ところが、本木昌造から築地活版製造所の経営を引き継いだ平野富二が、彼の死後にすかさず、その先駆的業績を新聞紙上で顕彰したため、こうした顕彰活動のインパクトもあって、本木昌造＝近代活版印刷の祖というイメージが定着していったというのです[19]。増上寺の了碩が、『選択本願念仏集』に対して行ったような情報操作を、明治時代の人々もまた、繰り返し行っていたことになります。

もう少し日常的な事例を取り上げるなら、カステラやようかんといった地域銘菓をめぐる「はじめて物語」も、我々に興味深い事実を示してくれます。橋爪伸子氏の『地域名菓の誕生』によれば、旅の土産となるような有名なお菓子の場合、時として複雑な変遷を捨象し、創業以来変わることのない伝統を強調しがちです。しかし橋爪氏は、そのような行為が、歴史的変化に対応しようとする生産者の努力と工夫を無視することにも繋がると警告しています[20]。傾聴すべき指摘でしょう。

これらの研究成果に学ぶなら、事物の起源を安易に一元化せず、複雑なままに語っていくことが、より豊かな歴史語りの創出にとって、必要な心がけなのではないでしょうか。一〇万点余りある狩野文庫のなかから、今回「印本起原取調書」という小冊子を取り上げて、私が主張してみたかったのは以上のようなことです。

【註】

(1) 木村茂光・安田常雄・白川部達夫・宮瀧交二『モノのはじまりを知る事典』(吉川弘文館、二〇一九年)二八～二九頁。

(2) T・F・カーター『中国の印刷術1』(藪内清・石橋正子訳注、平凡社、一九七七年)一八二～二〇六頁。

(3) 紀田順一郎編『事物起源選集①』(クレス出版、二〇〇四年)解説一～二頁。

(4) 松薗斉・近藤好和編『中世日記の世界』(ミネルヴァ書房、二〇一七年)一～二二頁。

(5) 資料請求番号：狩野一―五―一。

(6) 狩野亨吉の人物像と、狩野文庫の性格については、以下の文献をご参照ください。青江舜二郎『狩野亨吉の生涯』(中央公論社、一九八九年)、鈴木正『増補 狩野亨吉の思想』(平凡社、二〇〇二年)、『ものがたり東北大学の至宝』(東北大学出版会、二〇〇九年)、片岡龍「「物の本」と「物語り」」(『人文社会科学講演シリーズⅦ 私のモノがたり』東北大学出版会、二〇二一年)。

(7) 大岡家文書刊行会編『大岡越前守忠相日記』中巻(三一書房、一九七二年)七五～七六頁。

(8) 彌吉光長『江戸時代の出版と人』(日外アソシエーツ、一九八〇年)二三～五一頁。

(9) 井川定慶『法然上人絵伝の研究』(井川定慶、一九六一年)一〇九～一六八頁。

(10) 大橋俊雄校注『法然上人絵伝(下)』(岩波書店、二〇〇二年)一二〇～一二三頁。

(11) 九条道家の阿弥陀経開版については、以下の文献をご参照ください。『新編 森克己著作集 第四巻 増補日宋文化交流の諸問題』(勉誠出版、二〇一一年)、牧野和夫「「自写」経典の宋の地における開版小考」(『実践国文学』九二、二〇一七年)。

(12) なお、森新之介「『選択本願念仏集』建暦版の開版流布と絶版亡佚」(『浄土学』五二、二〇一五年)によれば、建暦二年版の『選択本願念仏集』とは、摺経供養を目的とする経典開版が主流であった時代において、初めて思想内容の流布を前面に押し出した経典開版であり、それゆえ社会に与えた影響も大きかったとされます。『選択本願念仏集』こそ日本における印刷の起源だと主張する了碩は、史実を踏まえるなら明らかに事実誤認を犯しているわけですが、経典開版による思想流布という画期的な行為を成功させた浄土宗教団の矜恃を、脈々と受け継いでいる側面もあると思われます。また、以下は本稿と直接関わる論点ではありませんが、森氏によると、嘉禄三年の弾圧は建暦二年版『選択本願念仏集』を跡形もなく消滅させるような徹底したものではなく、むしろ延応元(一二三九)年に精度の高い版本が新たに登場したため、役目を終えた建暦二年版は自然と淘汰されたのだということです。了碩は、嘉禄三年の弾圧があったから、惜しくも日本初の版本は現存していないと主張するわけですが、それも「創られた弾圧の歴史」なのかもしれません。

(13) 註(7)前掲書一〇～一一頁。

(14) 松平親氏については、以下の文献をご参照ください。『朝野旧聞裒藁』第一輯(東洋書籍出版協会、一九二三年)、平野明夫『三河 松平一族』(洋泉社、二〇一〇年)。

(15) 大友一雄『日本近世国家の権威と儀礼』(吉川弘文館、一九九九年)一二八～二〇〇頁。なお、江戸時代の由緒研究については、以下の文献もご参照ください。久留島浩・吉田伸之編『近世の社会集団』(山川出版社、一九九五年)、歴史学研究会編『由緒の比較史』(青木書店、二〇一〇年)。

(16) 註(7)前掲書三五頁。

(17) 註(7)前掲書三六頁。

(18) 『新日本史 改訂版』(山川出版社、二〇二一年)八九頁。

(19) 川田久長『活版印刷史』(印刷学会出版部、一九八一年)八七～一三八頁。

(20) 橋爪伸子『地域名菓の誕生』(思文閣出版、二〇一七年)。

対話とは何か

―ユルゲン・ハーバーマスの社会学思想―

永井 彰

5

対話とは何か
―ユルゲン・ハーバーマスの社会学思想―

永井　彰

一・はじめに

社会学という学問と「語り」との関係は、三つに分けて考えることができるように思います。その第一は、研究対象としての語りです。社会学は、社会におけるひとびとの語りやコミュニケーションのあり方を分析してきました。また、注目すべき社会現象についてその当事者の語りを手がかりに分析するといった仕事も多くなされています。ここで主題とされているのは、「社会における語り」です。第二に、社会学という研究の営みそのものが語りである、ということができます。社会学は社会的事実について論じるわけですが、その営みそのものが、研究者による語りであるということです。客観的に事実を確認するような研究であっても、その成果は語りをとおして他の研究者に伝えられ、研究者相互の批判的検討に付されます。ここで問題になっているのは、「社会についての語り」です。第三に、社会学は、社会が語りによって構成されるその論理を解明しようとしています。社会学は、社会形成の論理の解明をその理論的課題としています。かつて社会学は、行為を手がかりにこの課題に取り組んできましたが、今日では語りやコミュニケーションを手がかりとするようになっています。ここで主題となっているのは、「社会を作る語り」です。これからお話しすることは、これら三つの論点すべてと関連しますが、とくに第三の論点と深くかかわっています。

ユルゲン・ハーバーマスは、一九二九年生まれの、現代ドイツを代表する哲学者・社会学者です[1]。もし哲学と社会学のどちらが主専攻なのかとあえて問うとするなら(これは野暮な問いですが)、哲学ということになるでしょう。しかし、ハーバーマスは、哲学分野だけでなく、社会学分野においても、注目される仕事をしてきました。かれの教授資格請求論文である『公共性の構造転換』は歴史社会学的研究の古典的な作品として高く評価されてきました[2]。また社会学の社会理論についての研究(『コミュニケーション行為の理論』など)は、ハーバーマスにとって最重要の仕事の一つであり、そこで詳細に示されたコミュニケーション行為などのアイデアはハーバーマスの思索全体を方向づけています。ハーバーマスは、通常の哲学者とは異なり、社会科学者としてのセンスを兼ね備え、また理論的な研究と経験的な研究との協働を強く意識しています。これが、ハーバーマスという研究者の独自のスタンスであり、強みとなっています。

ここでは、対話のとらえ方に焦点をあわせて、ハーバーマスの考えを紹介します。本題に入る前に、この章に付けた副題について説明しておきます。社会学は社会科学の一領域ですから、そこで中心的な位置を占めるのは思想ではなく理論です。しかし、社会学において理論と呼ばれてきたもののなかには、理論だけでなく思想としての側面も含まれているように思います。つまり、社会学理論というよりも社会学思想とでも呼ぶべきものがある、ということです(3)。理論においては、社会現象を説明する論理の提示が求められます。このばあい、理論が適切であるかどうかは、経験的事実にてらして検証することが想定されています。他方、社会学理論と称されてきたもののなかには、社会をとらえていくための基本的な考えの提示というものが含まれています。たとえば、社会とはどのように構成されているのか、社会を構成する基本的単位は何であるのか、いまわたしたちが生きているこの時代は歴史上どのように位置づけられるかといったことについてのアイデアです。こうした着想は、社会はどのようなものであるべきかといった規範的な命題ではなく、あくまでも社会を分析するための基本的な視点や論理の提示であり、経験的現実と照応関係にあります。しかし、このようなアイデアは、個別のデータによって厳密に検証することは困難です。そのため、このような着想については、社会学にとって不要であり、除去したほうがよいと考える人がいるかもしれません。しかし、わたしはそうは思いません。むしろ、こうしたアイデアがあることによって、社会現象をより深く説明する道が開かれるからです。社会学という学問は、こうした基本的着想の彫琢を大切にしてきました。それが社会学の魅力を生み出す源泉の一つだと、わたしは思っています。

ハーバーマスによる社会理論の構想は、このような仕事の一つだと思います。かれ独自のさまざまなアイデアをもとにして、現代社会の構造を解読するための理論体系が組み立てられています。そして、そのアイデアの根幹には、対話と関連づけられる一連の概念群があります。そこで、ここでは、そのハーバーマスの基本的な考えを明らかにするとともに、ハーバーマスのアイデアによって、対話と一般的に呼ばれているものはどのようにとらえなおすことができるのか、そして、そのことが社会を把握するうえでどのような意味をもつのか、ということを考えたいと思います。そのさい、ハーバーマスの考えを、できるだけ普通の日本語で説明してみたいと思っています。ただ、そうはいっても、鍵となる概念の理解は不可欠になりますので、そこから説明を始めることにします。ここでいう鍵概念は、次のようなものです。すなわち、①コミュニケーション行為(kommunikatives Handeln)、②討議(Diskurs)、③生活世界(Lebenswelt)、④コミュニケーション合理性(kommunikative Rationalität)、となります。これらについて、確認しながら話を進めていきます[4]。

二．コミュニケーション行為とは何か

社会学においては、行為が基礎概念として位置づけられてきました。つまり、社会や社会関係を分析するさいに出発点となる概念が行為だというわけです。社会学においては、行為と行為がつながって社会(ないし社会関係)が作りあげられると考えられてきました。社会学が行為に着目するのは、社会がどのように形成されるのかを解明する手がかりをえるためです。そのさい、重要なのは、行為をどのように定義するかです。社会学において、行為とは、意味のある行動のこととして定義されてきました[5]。ひとびとは何らかの意図をもって行動します。行為には意味があるとは、行為

行為の状況 ＼ 行為の指向	成果に指向した	意思疎通に指向した
非社会的	道具的行為	—
社会的	戦略的行為	コミュニケーション行為

図1　ハーバーマスの行為類型論
(Habermas 1981: I 384 = 1986: 21)

には意図や目的があるということです。そして、そのような行為が接続して社会が形成される、ということになります。社会学は、行為を基礎概念とすることによって、社会現象の成り立ちを、それにかかわる当事者の意味付与をもとに解明するという視点を獲得しました。

ハーバーマスは、この社会学の伝統をふまえて、コミュニケーション行為という概念を考案します。この行為は、ひとびとのあいだの社会的行為の一つです。ハーバーマスは、成果指向的な行為としての道具的行為や戦略的行為と対比させる形で、コミュニケーション行為を、意思疎通に指向した行為として特徴づけます（図1）。

ここでひとまず、ハーバーマスがこれらの行為についてどのように考えているかを確認します。道具的行為とは、ある行為者が外界にはたらきかけて何らかの成果を獲得することです。これは、さしあたり行為者が単独でおこなえることです。戦略的行為とコミュニケーション行為は、はじめから社会的行為であり、そこには対人関係が介在しています。戦略的行為は、相手の出方を読みながら、相手にはたらきかけることによって自分の成果を達成しようとすることです。コミュニケーション行為とは、当事者のあいだの了解にもとづいて何らかの成果を獲得しようとすることです。戦略的行為とコミュニケーション行為の違いは、成果指向と意思疎通指向の違いによって説明されます。

成果に指向するとは、自分が達成したいと考える状態の実現をめざすということです。他方において、意思疎通に指向するとは、相手との了解達成をめざすということです。そして、了解達成とは、当事者がたがいに納得して合意し一致にいたるということです。ここでまず、意思疎通や了解といった表現のもつ特有の意味について確認しておきたいと思います。この論理においては、結果として一致していることが重要ではありません。当事者双方が納得して受け入れた一致や合意だけが了解であり、それをめざすことが意思疎通であるという理屈になっています。話しあいのなかで、押しつけによって一致が生まれることはあります。しかし、当事者のどちらかが納得しない一致は了解ではないという意味が込められています。

また、コミュニケーション行為とは、意思疎通そのものではなく、意思疎通によって形成された了解をもとに、協働して何かを実現させるということです。つまり、コミュニケーション行為には、当事者のあいだで了解を達成するという側面だけでなく、それにもとづいて何らかの目標を達成するという側面が含まれているというわけです。

意思疎通に指向するということについては、次のような二つの重要な含意があります。その一つは、了解達成において発言内容の妥当性が鍵を握るということです。発言をなぜ納得して受け入れることができるかというと、最終的には、言っていることが妥当だからということに行きつくということです。もう一つは、当事者双方が、当初抱いた目的に固執しないということであり、当事者双方とも、対話のなかでよりよい提案を受け入れる用意があるということです。そして、よりよい提案を話しあってみつけだすということであれば、当事者双方にかかわる行為の目標は、それぞれの当事者が意思疎通以前に思い浮かべていたとおりになるとは限りません。このばあいむしろ、対話関係のなかではじめて、当事者双方にかかわる行為の目的が定まるということになります。

実は、この着想は、それまで社会学が当たり前のこととしていた、行為のとらえ方の背後にある考え方を疑問視することにつながり、それを根底から転換させることになりました。社会学においては、行為には意味があり、つまりは目的があり、その目的を実現させることが行為である、ということが当然の前提とされてきました。そしてその目的というのは、行為者当人が決めることでした。したがって、行為の意味というのは、当人の意識によって決まることになります。ハーバーマスは、ここに異論をさしはさんでいったのです。コミュニケーション行為の意味は、当人の頭のなかで決まるのではなく、当事者どうしの言葉のやり取りのなかではじめて定まってくると考えられるからです。ここにおいて、行為の意味は意識ではなく言語を基礎として把握されるようになります。

たしかに行為には、目的を実現させるという側面があります。ハーバーマスの考えるコミュニケーション行為にも、目的の実現という側面が含まれています。しかし、それを出発点として論理を組み立ててはならないというのが、ハーバーマスの主張です。行為とは当人の目的実現であるという考え方から出発すると、目的をもった複数の行為者がまず存在し、次にその行為者たちが出会うという論理の組み立てが想定されます。このばあい、目的がまずあり、出会いは二次的です。そうすると、当事者どうしのやり取りは、相手の出方を読みながら自分の選択肢を決めるというふうに考えられることになります。当事者のあいだの話しあいは、それぞれの目的実現のために、折りあいをつけるということに終始することになります。しかし、意思疎通を考えてみると、それはこのような過程として成り立っているわけではありません。意思疎通というのは折りあいをつけるわけではないし、妥協や交渉ではありません。妥当な見解を協働して発見するというのが意思疎通の本質です。この違いはきわめて重要です。些細な違いのようにみえるかもしれませんが、一致を形成する論理が決定的に異なります。ハーバーマスの論理の組み立てにおいては、当事者ははじめから出会っています。意思疎通の関係のなかで、了解が達成され、その了解内容にもとづいて何かを実現させようとすることになります。当事者が協働して実現させようとする目的は、意思疎通をつうじて定まってくるものとしてとらえられます。

そして、この意思疎通の過程において決定的に重要なことは、合意を導く力は、発言内容に含まれる妥当性だけだということです。なぜ相手の提案を受け入れるかというと、それは、その内容に納得したからということになります。どのような理屈で納得するかというと、発言内容が妥当だから、ということになります。納得できないということは、発言内容が妥当であると判断できないということです。そして、そのばあいには、それについては、批判することになります。このばあい、聞き手の応答は拒否ではなく批判だということが重要です。拒否は、対話の拒絶です。他方、批判とは妥当性についての疑義の表明ですから、対話は継続します。批判は悪口ではありません。相手をけなしているわけではありません。批判は、意見の表出ではなく、相手の発言内容の妥当性にたいする疑念の提出です。批判がなされると、話し手はそれに応答しなければなりません。もしその批判が妥当であると話し手が認めれば、当初の提案を撤回するなり、提案を修正しなければなりません。もし批判が必ずしも適切ではないと考えれば、根拠を示して反批判する必要があります。このようなプロセスを経て、たがいに納得すると、そこに了解が成立します。そして、たがいに納得して了解が成立すると、それに従う義務が発生します。ただし、義務といっても、何か強制力があるわけではありません。ここでいう義務とは、納得して受け入れたのだったら、それを守らなければならないと当人を動機づけるという事態を指しています。意思疎通とは、妥当な一致を協働してみつけだす過程です。これは、妥当性をめぐる対話であり、そこにあるのは相互批判の関係です。

ハーバーマスのいうコミュニケーション行為とは、このような意味において意思疎通に指向した行為ということになります。ハーバーマスは、意思疎通の論理構造をより精確に説明するために、意思疎通の過程を、妥当性要求（Geltungsanspruch）の呈示と承認として説明します。ここでは、話し手と聞き手とのあいだの対話関係が取りあげられています。この説明によると、コミュニケーション行為をおこなうばあい、話し手は発言に批判可能な妥当性要求を結びつけており、聞き手が、その妥当性要求を承認する（または否認する）、ととらえられます。そして、聞き手が妥当性要求を承認すると、了解が成立する、ということになります。妥当性要求とは、自分の発言が妥当性を有するとする要求ないし主張のことです。話し手がみずからの発言に妥当性要求を結びつけるとはどのような事態かというと、話し手は「わたしはこの発言内容は妥当だと考えているが、あなたはそれを受け入れますか」という問いかけを聞き手にたいしておこなっている、ということです。一方において話し手は、発言内容の妥当性をめぐって提案をしているのです。聞き手は、それにたいして「はい」または「いいえ」で応答します。話し手からの提案は、妥当性をめぐる問いかけですから、聞き手の側ではそれへの応答が求められます。そのため、受け入れられないという意思表示は、妥当性に疑念を抱いているということの表明です。たとえば、「煙草を消してください」という依頼は、「あなたが煙草を消すことが正当だ(妥当だ)と考えているが受け入れるか」という問いかけです。この発言を妥当だと認めるのであれば、聞き手は、この依頼を受け入れて煙草を消さなければなりません。もしこの依頼が正当でないと考えるのであれば、それにたいして「いいえ」と答えることになります。しかし、この対話が妥当性をめぐる応答関係である以上、「いいえ」は妥当性にたいする批判でなければなりません。なぜですかと理由の提示を求めることはできますが、意思疎通の関係においては、拒否は許容されません。この説明をふまえると、コミュニケーション行為とは、批判可能な妥当性要求の相互承認にもとづく行為というふうにとらえなおされます。

批判可能な妥当性要求の相互承認には、行為整合の機能があります。つまり、複数の行為者の行為を整合させるという機能です。さきほどの例をもとに説明しましょう。「煙草を消してください」という話し手の発言に、聞き手が「はい」と答えたとします。ここで了解が成立するわけですが、「はい」と答えたということは、話し手の発言内容を妥当だと認めたということであり、妥当だと認めたからには、その了解内容に沿った形で、それ以後の行為をおこなう義務が発生します。義務といっても、それはいわば口約束であり、履行しなかったからといって法的な処罰はありません。了解内容について妥当であるとみずから認めたのであれば、それに反するような行動はできないといった程度のことです。法的義務とは異なりみずからの自覚だけに依存するような義務ですが、それでも拘束力は発生します。了解から行為義務が発生するというそのあり方は、その発言の種類におうじて異なります。そもそも義務が発生するかどうか、また義務が発生するばあい対話の当事者のうち誰に義務が発生するかといった点については、発言の種類におうじて特定しなければなりません。たとえば、対話のなかで「明日は一日中雨が降ることになりそうだ」ということを確認したとしても、ただ事実を確認しただけですので、そこから行為義務が直接的に発生することはありません。ただし、事実認識を共有したわけですから、それに合致した行動をとることが要請されます。明日の遠足が雨天中止になることが分かっていれば、宿題に取りかからなければなりません。発言から義務が発生するばあいも、義務の発生の仕方は発言の種類によって異なります。「煙草を消してください」「はい、分かりました」という対話は、相手の側に義務が発生します（ただしこのばあい、二次的に、話し手の側にも、みずからの発言と矛盾しない行動が求められます。禁煙エリアだから消してほしいというのであれば、自分も煙草を吸うことはできません）。「明日、ハーバーマスの本をお渡ししします」「はい、お願いします」という対話は、話し手の側に本を持参するという義務が発生します。「明日、正午に東北大学の萩ホール前で待ちあわせしましょう」「はい、分かりました」という対話では当事者双方に義務が発生し、待ちあわせ場所に遅れずに向かうよう行為を方向づけます。

三．コミュニケーション行為と討議の区別

次にコミュニケーション行為と討議の区別について確認します。コミュニケーション行為においては、批判可能な妥当性要求の相互承認がおこなわれています。コミュニケーション行為においては、妥当性要求について必ずしも主題化される必要はありません。しかし、主題化されていないとしても妥当性要求の呈示と承認という過程は作動している、とハーバーマスはみなします。ここは重要な点ですので、注意をしておいてください。そして、この妥当性要求を主題としておこなわれる議論のことを、ハーバーマスは討議ないしは論証（Argumentation）と呼んでいます（図２）(6)。つまり、ハーバーマスは、概念上、コミュニケーション行為と討議とを区別しているのです。

このことについて、例を用いて説明したいと思います。ここでは、二人の行為者ＡとＢのあいだでの次のような対話関係を取りあげます。すなわち、Ａが「煙草を消してください」と発言し、Ｂが「はい、分かりました」と応答した、という事例です。このばあい、妥当性要求は主題化されていませんが、そうであっても、妥当性要求の呈示と承認はなされていると理解することができます。「煙草を消してください」という発言には、この依頼が妥当性を有するという妥当性要求が結びつけら

基準となる点 ＼ 論証の諸形式	問題になっている発言	争点となっている妥当性要
理論的討議	認知的・道具的	命題の真理性、目的論的行為の実効性
実践的討議	道徳的・実践的	行為規範の正当性
審美的批判	評価的	価値基準の適切性
治療的批判	表出的	表出の誠実性
説明的討議	—	シンボル的構成物の理解可能性ないし好形性

図2　論証の諸類型
(Habermas 1981: I 45 = 1985: 48)

れているのです。そして、それにたいして「はい」と答えることは、その発言が妥当性を有するということを認めていることを含意しており、つまりは妥当性要求を承認したということになります。ただし、このばあい、つまり依頼にたいしただちに応諾したばあいには、煙草を消してくださいという発言が妥当性を有するかどうかは、対話のなかで主題化されていません。しかし、この発言に「はい」と答えたということは、妥当性を認めたということを意味しています。そして、日常的には、このように行為と行為がつながっていくことになります。つまり、日常生活において、発言をおこなうごとに、その発言の妥当性を主題化し、妥当性を確認してから次の行動や発言に移る、というわけではありません。しかし、そうであっても、理屈のうえでは、そのプロセスのなかで妥当性要求の相互承認がなされているとみなすことができます。この意味において、コミュニケーション行為という概念は、日常的に繰り返される行為を説明するために設定された考え方なのです。

ところが、そうした行為の連鎖を中断し、その妥当性を問い返すことがあります。Aの「煙草を消してください」という発言にたいし、Bが「いいえ」と応答したケースです。「いいえ、わたしは煙草を消しません。なぜわたしは煙草を消さなければならないのですか」。このように応答したばあいにはじめて、依頼という発言において掲げられていた妥当性要求が主題化されることになります。聞き手からの問いかえしがあってはじめて、話し手の発言に結びつけられた妥当性要求が対話の主題となります。これが討議です。このように疑義が示されたばあい、Aは、みずからの発言が妥当性を有すると考えるのであれば、なぜこのように依頼することが妥当性を有するのかという理由を示さなければなりません。たとえば、「ここは、禁煙エリアです」とか、あるいは「近くに赤ちゃんがいます。配慮が必要です」というように、煙草を消してくださいという依頼が正当であることの根拠を説明する必要があります。「たしかにここは禁煙ですね。分かりました」と聞き手は、根拠に納得することによって話し手の提案を受け入れます。このように、双方が理由に納得することをつうじて了解が成立することになります。

ここでは、対話の当事者双方が意思疎通に指向しているということ、つまりは相手と話しあおうという気持ちがあるということが前提になっています。このばあい、双方とも、相手と協力して妥当な結論を見つけだそうとしているというわけです。これは、コミュニケーション行為においても討議においても共通しています。そのうえで、対話のなかで妥当性要求を問い直し、それを確認するというのが、討議ということになります。ただし、日常生活においては、これは限定的なケースです。日常的な行為の連鎖においては、個々の発言の妥当性について、いちいち問いただすことはしません。それでも、そこには妥当性要求の呈示と承認という論理が作動している、というのがハーバーマスの整理です。

コミュニケーション行為と討議の区別について、もう一度、確認しておきます。第一に、コミュニケーション行為は、妥当性要求の相互承認にもとづいていますが、討議はこの妥当性要求を対話のなかで主題化し、その妥当性について検討します。妥当性要求の相互承認にもとづくという点は共通していますので、この点からすると、討議は、コミュニケーション行為の一特殊ケースとして位置づけられます。第二に、コミュニケーション行為における行為の連鎖を一時的に中断し、対話のなかで妥当性要求を主題化するというのが討議です。この点に着目すると、討議はコミュニケーション行為の再帰的形式として特徴づけられます。第三に、コミュニケーション行為は意思疎通をつうじて当事者のあいだの了解をもたらすだけでなく、協働して何かを実現させるという目的達成の側面を含んでいます。他方、討議という概念は、意思疎通にだけかかわっています。この点においては、討議は、コミュニケーション行為の全過程のなかの意思疎通という局面だけにかかわっているととらえることができます。

四．コミュニケーション行為と生活世界

次に、コミュニケーション行為が社会とどのようにかかわるのかについて確認します。ハーバーマスは、社会を生活世界とシステムとからなる二層的なものとしてとらえることを提案します。生活世界とは、コミュニケーション行為によって再生産される、ひとびとによって共有された意味世界のことです。生活世界とは、当該の行為者たちにとって身近な社会や組織や集団のことを指しており、より具体的に思い浮かべるとすると、地域社会や家族あるいは公共圏（これは、公共的な議論の場という意味です）などがそれにあたります。他方、システムは、生活世界から自立化した行為連関のこととしてとらえられます。ハーバーマスにおいてシステムとして表象されているものは、資本主義的経済（経済システム）と近代国家（政治システム）です。これらは、生活世界から独立し、独自の運行法則を持ち、そして生活世界に影響を及ぼすことになります。システムは、資源の調達や集合的な目標の達成といった機能の充足に寄与しており、現代社会の存立にとって不可欠の存在です。しかし、このようなシステムが肥大化し、生活世界の再生産を脅かすまでにいたると、そこに社会病理現象が生じます。このことをハーバーマスは、システムによる「生活世界の植民地化」として特徴づけます。

ハーバーマスは、生活世界とコミュニケーション行為とは相補的な関係にあるということを強調します。相補的な関係とは、みずからの存立にとって相互に他方を不可欠の存在としているという

ことです。一方において、コミュニケーション行為は、生活世界を資源として利用することによって成り立っています。他方において、生活世界は、コミュニケーション行為によってのみ再生産されます。このように生活世界とコミュニケーション行為とは、たがいに支えあう関係にあるというのです。生活世界とは異なり、システムのばあい、その再生産に寄与するのは、貨幣メディアと権力メディアです。この二つのメディアは、システムの内部過程の作動において中心的な役割をはたすことによってその再生産を可能にすると同時に、システムとその外部（他のシステムや生活世界）との交換関係を調整します。

コミュニケーション行為が再生産に直接的にかかわるのは、生活世界についてであり、システムについてではありません。しかし、経済システムや政治システムがシステムとして運行できるためには、法によって制度化されなければならず、そのことによって生活世界につなぎとめられなければなりません。資本主義の仕組みも、近代国家も、日常生活から独立し、その独自の論理で作動していますが、だからといって好き勝手に作動できるわけではありません。少なくとも法の規制を受容しています。そして近代民主主義的法治国家の法は、民主主義的な意志形成過程をつうじて制定されます。この制定過程をつうじて人民の集合的意志が法に反映されます。このような道筋をつうじて、システムは生活世界の間接的なコントロールを受けることになります。

さて、ここまでの説明は、かなり抽象度の高い話です。コミュニケーション行為と生活世界の関係について、もう少し具体的な話に移し替えてみながら、この議論のもつ意味について明らかにしたいと思います。ここでは、生活世界の具体例として地域社会のことを思い浮かべながら説明してみます。ひとびとが地域社会のなかでコミュニケーション行為をおこなうばあい、その地域社会のなかで共有された文化や、その地域社会のなかで共有された規範や人のつながり、さらにはそこに住むひとびとの力を利用しています。これらを利用することによって、コミュニケーション行為を円滑に進めることができます。もちろんこれらの力を借りなくても、言語を用いて意思疎通することは可能ですが、そのばあいには共通の状況理解を形成するために細かなことまで話しあわなければなりません。共通の意味基盤とでもいえるものがあることによって、意思疎通のコストが軽減され、コミュニケーション行為が円滑に進行します。他方、この共通の意味基盤は、その地域社会のなかでコミュニケーション行為が繰り返されるなかで維持され、再生産されていきます。地域の文化といっても、その地区での祭礼といったような目に付きやすいことから、日常的な慣習やしきたりといった、ふだんは意識されないようなものまで含まれています。ここで注意しておきたいのは、そのような生活文化は、物理的な物体のようにそこに実在するという性質のものではないということです。物体は、放置しておいてもそこに実在します。しかし、文化はそうではありません。コミュニケーション行為が繰り返されることによってはじめて、文化は維持されていきます。不断の活動をつうじて、文化は存立するのです。そして、日常的なコミュニケーション行為のなかで文化が維持されるということは、コミュニケーション行為の繰り返しをつうじて文化が変化していく可能性を示唆しています。社会集団によって共有された規範についても、同様のことが指摘できます。

五. コミュニケーション合理性とは

もう一つ、ハーバーマスの重要な概念としてコミュニケーション合理性について説明しておきます。コミュニケーション合理性という表現は、次のような事態と関連しています。対話関係において行為者はなぜ相手の提案を受け入れるのかという問いを立てるなら、その解答は、その提案に結びついている根拠(論拠)に納得することによって、となります。対話関係における了解は、発言の妥当性を認めることによって成立するのであり、最終的には論拠を納得することによって生みだされます。つまり了解は、妥当性の持つ力に依存しており、そこには、論拠のもつ合理的に動機づける力が作動しています。対話関係においては、妥当性への準拠という事態が内在しています。このことをハーバーマスはコミュニケーション合理性と呼んでいるのです。

合理性という言葉は、大きく分けて二つの文脈で使われてきました。一つは成果をうまく達成したという側面を評価するという文脈です。目的合理性とか経済的合理性というのは、こうした側面です。効率的なことを合理的だというのも、成果達成の側面を評価したからです。しかし、合理性という言葉はもう一つの文脈でも使われてきました。理由がしっかりしているとか、きちんと言葉で説明ができるということについても、合理的という表現が付与されてきました。このばあい、合理的という言葉は理性的という言葉に置き換えることが可能です。つまり合理性という言葉は根拠にもとづいているという側面を評価する文脈でも使用可能だということです。このように合理性という言葉が使われてきた経緯を振りかえれば、合理的という言葉が二つの意味を含んでいることがはっきりするのですが、よく考えることなく、合理的という言葉だけを取りあげると、やはり前者のこと、つまり結果を出すことの合理性のことを思い浮かべるほうが多いように思います。現代社会が成果達成や効率性を強く求めている。そのことが合理性という言葉の理解に影響しているのだと思います。

合理的という言葉の使われるこの二つの文脈と関係づけると、コミュニケーション合理性は、後者の使われ方、つまり根拠にもとづくことを評価する用法として分類することができます。その点では、コミュニケーション合理性という概念は、合理性という表現のこれまでの用法の一つを継承しています。ただし、コミュニケーション合理性は、この根拠や理由というものが対話関係に内在しているということを強調しています。また、その論理も示しています（これは、すでに説明した、妥当性要求の相互承認という話です）。これは、重要な論点です。そして、コミュニケーション合理性は、コミュニケーション行為において体現されているものであり、またコミュニケーション行為は生活世界のなかでおこなわれ、生活世界の再生産にかかわるということからすると、コミュニケーション合理性は、生活世界のなかにその居場所をもち、社会の再生産ともかかわるということになります。ここも、大事な点です。

コミュニケーション行為は、妥当性にもとづくという性質をもちますが、そのさい妥当であることを当然とみなし論拠を問わないのではなく、対話のなかで論拠を確認するというやり方が強くあらわれてくるほうがより合理的であるとハーバーマスはみなしています。コミュニケーション行為をおこなうことをつうじて、この方向に生活世界が変化していくことをハーバーマスは「生活世界の合理化」と特徴づけています。

論拠のもつ合理的に動機づける力に対比されるのは、貨幣メディアや権力メディアのもつ、利害関係に依拠した経験的に動機づける力です。このばあい、申し出を受けた側は、その発言の妥当性をもとに判断するわけではありません。相手の提案を受け入れた時にえられると予想される利益や、相手の提案を拒否したときに被ると予測できる損害や不利益を顧慮し、申し出を受け入れるかどうかを判断します。要するに、損得勘定をするわけです。このばあいも、合理的です。行為者は、明晰に計算しています。しかし、これは目的手段関係の合理性であり、コミュニケーション合理性とは別種の合理性です。

ハーバーマスは、言語コミュニケーションそのものに妥当性への準拠が内在していることに着目し、それをコミュニケーション合理性と名づけました。そして、この合理性がコミュニケーション行為のなかに体現され、生活世界の再生産にもかかわっていることから、コミュニケーション合理性という評価の視点が社会分析にも有益であることを明らかにしました。ハーバーマスの論理にしたがうなら、コミュニケーション合理性は、たんに論証実践（たとえば科学者のあいだでの理論的な討議）のなかにだけみいだされることではなく、日常生活者の生活実践のなかにも確認できることがらなのです。

コミュニケーション合理性というと、わたしたちの生活には縁遠いものと思われるかもしれません。妥当性について議論するなど、一見するとドイツ人に特有な気質のようにも思えます。しかし、話しあいのなかで理にかなった結論を見つけだすことは、この意味で合理的なことです。そのようなことなら、いくつも見つかるはずです。ここでは、その一例として、宮本常一の見た日本農村社会のことを取りあげます。宮本は「対馬にて」という小文に、長崎県対馬の伊奈という村で古文書を借用した時の経験を記しています。文書は帳箱に入って鍵がかけられています。区長の家で見るために鍵をあけるだけでも総代が立ち会わなければならないのに、文書を貸すとなるとそれは村にとって重大なことであり、区長の独断では決められません。そこで、このことを寄りあいにかけて、承諾をえる必要がありました。この寄りあいでは、議論に十分な時間をかけ、またいくつかの議題を行き来し、頃を見計らって決をとるということがおこなわれました。宮本は、この経験をふまえて、村の自治について次のように記しています。

日本中の村がこのようであったとはいわぬ。がすくなくも京都、大阪から西の村々には、こうした村寄りあいが古くからおこなわれて来ており、そういう会合では郷士も百姓も区別はなかったようである。領主—藩士—百姓という系列の中へおかれると、百姓の身分は低いものになるが、村落共同体の一員ということになると発言は互角であったようである。(中略) 差別だけからみると、階級制度がつよかったようだが、村里内の生活からみると郷士が百姓の家の小作をしている例もすくなくなかったのである。そしてそれは決して対馬だけのことではなかった。そうなると村里の中にはまた村里としての生活があったことがわかる。そしてそういう場での話しあいは今日のように論理づくめでは収拾のつかぬことになっていく場合が多かったと想像される。そういうところではたとえ話、すなわち自分たちのあるいて来、体験したことに事よせて話すのが、他人にも理解してもらいやすかったし、話す方もはなしやすかったに違いない。そして話の中にも冷却の時間をおいて、反対の意見が出れば出たで、しばらくそのままにしておき、そのうち賛成意見が出ると、また出たままにしておき、それについてみんなが考えあい、最後に最高責任者に決をとらせるのである。これならせまい村の中で毎日顔をつきあわせていても気まずい思いをすることはすくないであろう。と同時に寄りあいというものに権威のあったことがよくわかる。

対馬ではどの村にも帳箱があり、その中に申し合せ覚えが入っていた。こうして村の伝承に支えられながら自治が成り立っていたのである。このようにすべての人が体験や見聞を語り、発言する機会を持つということはたしかに村里生活を秩序あらしめ結束をかたくするために役立ったが、同時に村の前進にはいくつかの障碍を与えていた(宮本　一九八四、一九―二一)。

あえてハーバーマスとはまったく遠いと思われる文献から引用してみました。この日本農村の事例においては、構成員は、身分の違いはあるものの、寄りあいの場では対等な立場で意見を出しあい、全員が納得できる結論をえようとしています。その意味において、この寄りあいは、コミュニケーション合理性にもとづいて運営されています。もちろん、コミュニケーションの作法というのは、それぞれの社会によって異なります。意見をあからさまにぶつけあうということは、ここでは避けられています。それでも、強権的に上位者の意見を押しつけるのではなく、理にかなった合意をえようとしています。宮本は、このような村の自治の意義を高く評価しています。ただし、どのような論理において評価するのかという視点は、必ずしも明晰ではありません（これは、ないものねだりですが）。この引用の最後の一文「村里生活を秩序あらしめ結束をかたくするために役立ったが、同時に村の前進にはいくつかの障碍を与えていた」を参照すると、宮本は、このような寄りあいが一方において集団のまとまりを強固にするという点を高く評価すると同時に、他方において時間や手間がかかるという点をマイナスに見ているように読むことができます。ハーバーマスによる合理性の議論をふまえれば、たしかにこのばあい結束の強化という機能が観察できるけれども、そこがもっとも大事なことではなく、理にかなった合意という形でそれを実現していること、つまりそこにコミュニケーション合理性が貫徹していることのほうが重要だという判断ができます。またコミュニケーション合理性と目的合理性は別次元のことと位置づけられますので、この両者は必ずしも背反するわけではありません。ハーバーマスの提供する理論的視座は、日本農村の現実を整理して考えるうえでも有益であるように思います。

六．対話とは何か

これまでハーバーマスの基本的な概念について確認してきました。ここで対話ということに関係づけながら、ハーバーマスの考え方を整理してみたいと思います。そして、それをふまえて、このハーバーマスの着想からどのような議論を引きだすことができるか考えてみたいと思います。ここでいう対話とは、ハーバーマスがコミュニケーション行為のなかにみいだしている意思疎通の関係のこととします。第一に、ハーバーマスは、対話関係を妥当性要求の相互承認という論理で考察しています。第二に、この対話関係をつうじて了解が達成されると、当事者のあいだに行為義務が発生します。そして、このことは、行為整合(複数の行為者のあいだの行為の整合)という機能をはたします。さらにこのことは、社会形成にかかわります。第三に、対話関係が社会形成機能と結びつくことによって、対話関係に内在する妥当性(コミュニケーション合理性)は、社会のなかに組み込まれることになります。ただしこのばあいの社会は、(システムと生活世界のうちの)生活世界ということになります。第四に、この対話関係に対比されるものは、対話関係に外在する強制力が介在した関係です。

この第四の点については、説明が不十分ですので補足します。ここでも、AとBのあいだの二者関係を想定します。Aの提案をBが受け入れるというばあい、どのような論理がそこで作動しているかということです。対話関係においては、最終的には論拠の正しさが一致を生みだしています。

これについては、すでに説明しました。ここでは、それとは別様の論理が作動しているケースを確認します。それは、貨幣メディアまたは権力メディアが介在しているばあいです。このばあい、Bの側に受容をうながすのは、発言内容の妥当性ではありません。聞き手の側は、受容することによってもたらされる利益あるいは受容しないことにともなう不利益を顧慮して、受け入れるかどうかを判断します。そこで基準となっているのは利益・不利益の計算です。貨幣メディアや権力メディアが準拠している強制力の介在によって、当事者のあいだで行為が接続し相互行為が成立するのです。ここでハーバーマスは、いかなる論理において当事者のあいだの一致がもたらされるのかという問いを立て、それにたいする二つの論理を合理的動機づけと経験的動機づけとして区別します。対話関係においていかなる論理において合意が成立するかというと、発言内容の妥当性に準拠することによってです。他方、貨幣メディアや権力メディアに媒介された行為において聞き手が話し手の提案を受け入れる理由は、利益・不利益を顧慮してのことであり、提案の妥当性ではありません。一致の形成をもたらすこれら二つのやり方は、さしあたり二つの類型です。そして前者においてのみ、コミュニケーション合理性が作動することになります。

このようなハーバーマスの理論枠組みにしたがえば、対話とは、協働して妥当な結論を探求することとして特徴づけられます。そのさい、対話の当事者は、対等なものとみなされます。当事者のあいだの対等性は、言語コミュニケーションの構造そのものに内在します。発話の相手を自分と対等な存在として認めなければ、そもそも言語コミュニケーションは成り立たないからです。

また対話は、ディベートとは異なることがはっきりします。ディベートとは、議論に勝つことを目標とするゲームです。議論のルールにしたがっており、その点で討議と類似していますが、「勝つ」という目的の達成が最優先事項となっており、この点で対話とは決定的に異なります。対話には、協働への意志が不可欠であり、このことをハーバーマスは意思疎通指向として表現しています。ディベートには、それが欠けています。

対話は、交渉（妥協形成）とも異なります。交渉のばあい、自己の目標達成が優先事項であり、その意味において成果指向的に行為しています。当事者双方が、その前提は維持しつつ、たがいに受容可能な一致点を探求するというのが交渉です。ここでも「話しあいをする」というルールそのものはたがいに遵守しています。しかし、妥当な結論を協働して探求するというわけではありません。別々の思惑で受容しても、妥協形成は可能です。ここが、対話と交渉の相違点です。

ハーバーマスは、対話の本質を、協働による妥当な結論の探求としてとらえています。このことにも目を向け、その論理を考える必要があるように思います。そのことをふまえたうえで、対話が成立しないといった事態じたい、重要な指摘だと思います。そのことをふまえたうえで、対話が成立しないといった事態

働のプロセスに参加することだとするなら、参加するかどうかは当事者の選択にゆだねられています。だとすると、選択しないという選択もありうるはずです。しかし、参加することが制度化されている領域はあります。その典型が、科学（学問）です。科学することとは、協働して真理を探究する営みです。また、ある社会のなかで共同生活を成立させるためには対話は不可欠です。多文化共

生が現実的な課題とされる現代社会において、対話の重要性はきわだっています。ただしこのばあいは、妥協形成にも一定の役割を認める必要があります。どうしてもライフスタイルが一致しないということは、ありうるからです。共生のためには、その相違を一定の範囲内で許容する工夫や仕組みが必要になります。さらに、ひとびとの共同生活においては、いさかいや争いが発生することも、想定しなければなりません。そこでは、法(実定法)というメディアが重要になります。規制を遵守させる仕組みが必要です。法は、強制力(国家権力)によって支えられることでその実効性を獲得することになります。ただし、法をとらえるうえで重要なのは、そこにも対話の原理が作動しているということです。法が正統性を獲得するためには、法制定という手続きを経なければなりません。法制定というプロセスには、討議の構造が組み込まれています。法は国家権力によって支えられると同時に、法は、国家権力を正統化し、権力をコントロールする役割を担います。法が関与することによって、国家権力を剝き出しの力の行使の状態にはしないということが担保されます。これが、近代民主主義的法治国家の原則ということになります。

ここまで対話をめぐるハーバーマスの理論について、解説してきました。こうしたハーバーマスの理論について、わたしたちはどのように受け止めればよいのでしょうか。対話の論理や本質を析出し、対話と対話でないものとのちがいをはっきりさせたことは、ハーバーマスの理論的な功績です。また対話の意義や可能性を明確にしたのも、重要な点です。対話というのは、妥当性へと準拠する性質を有しており、したがって対話が生活世界(身近な社会)を変える可能性をもつことになります。

しかし、対話の拒否という事態に直面したときに、ハーバーマスの理論は何を示唆しうるでしょうか。ハーバーマスの理論を参照すると、対話の拒否には、二つの側面があることがはっきりします。その一つは妥当性への準拠を否定するということであり、もう一つは強制力によって、つまりは金と暴力の力を借りて何らかの事態を実現させようとするということです。これらは、日常的な人間関係でも起こりうることですが、社会全体にかかわる問題と関係づけるなら、前者は、たとえば歴史修正主義の問題であり、後者は国際政治における武力行使による現状変更といった事態を想起することができます。

たしかにハーバーマスは、対話を重視します。しかし、それは対話を大事にしなければならないとか、すべて話しあいで解決すべきだとかいうことを主張しているわけではありません(7)。ハーバーマスがいっているのは、理論的には次のようなことです。対話は、言語コミュニケーションのあり方にそのもの根ざしており、それゆえに対人関係の基本になるということ、そして、それだけでなく、対話は近代社会の仕組みのそのもののなかに組み込まれており、近代社会の運営にあたって対話を無視することはできないということ、この二つです。前者の論点については、これまで詳しく説明してきました。後者の論点について補足しておきます。そもそも社会において共同生活が可能になるためには、何が正しいことなのかの取り決めが不可欠です。近代以前の社会において、何が正しいかは伝統や宗教によってあらかじめ定められていました。しかし、近代社会においては伝統や宗教はそのような正統化の力を喪失します。近代社会では、伝統や宗教を正しさの根拠として前提することができません。この状況であっても、ひとびとが共同生活を営むためには、何が正当なのかを取り決めなければなりません。近代社会においては、それは、最終的には当事者じしんが討議によって確認するほかありません。ハーバーマスはこのことを「討議原理」と表現しています。ハーバーマスは、討議原理を次のように定式化しています。「妥当なのは、すべての関与しうる者が合理的討議の参加者として同意しうるそうした行為規範である」(Habermas 1992: 138＝二〇〇二、一三六)[8]。討議原理は、近代の法や権利の体系のなかに組み込まれ、近代の民主主義的な法治国家の運行原則のなかで生かされています。対話という仕組みは、日常のコミュニケーション行為をつうじて生活世界(身近な社会)に組み込まれるだけでなく、法や権利体系の基礎として組み込まれることで近代国家の運行にもかかわっています。

ハーバーマスにとって、これらは理論的な視点であり、これをもとにさまざまな評論活動をおこなっています。さきにあげた歴史修正主義の問題[9]や、国際関係における武力行使は、ハーバーマスにとって重大な関心事であり、折に触れて論考を発表しています。このような局面においては、ハーバーマスは一人の知識人として、発言をしています。現在の重大な問題について発言することは、知識人にとってはある種の責務です[10]。そのため、たんに理論的な視座を示すだけでなく、それがどのような結論になるのかということまで踏み込むことが求められます。こうした文脈において、民主主義的法治国家の原理原則が国家のなかにとどまり、世界社会においては実現されていないことが問題とされ、国際連合の改革について言及がなされます。また近代民主主義的法治国家の基礎には討議原理が存在するとする理論的観点からは、「ナショナリズム的な自己理解に由来する集団的要求にたいしては個人の権利が貫徹されなければならない」という帰結が導かれます。そして、この論理的帰結にもとづき「たとえばわたしは、国家は今日でもなお一般兵役義務を課すことができる、つまりは一定の年齢集団（の男性）に自国のためにみずからの生命をささげることを要求できる、とは考えない」とハーバーマスは書いています（Habermas 1996: 332 = 二〇〇四、三二四）。これも、現代の国家のありかたについての判断です[11]。

対話に参加しないという選択肢が現実にある以上、対話に意味があるのかという疑念は、たしかに生じます。対話を阻むものや対話を歪めるものについては、それを直視する必要があります。現実には対話（妥当性を協働して探求すること）がおこなわれるとは限りません。しかし、それが常態だからといって、対話は理想であり、現実はそうではないといったふうに、単純に理想（あるべきこと）と現実の二項対立図式に回収しないことが大切だと思います。むしろ、現実のなかにある理念的なものの芽を丹念に拾いあげる、理論的な感受性を持ち続けることが必要です。ハーバーマスの理論は、このようなことに気づかせてくれるように思います。

【註】

(1) ハーバーマスについてウイキペディアの日本語版を参照すると、「ドイツの哲学者・社会哲学者・政治哲学者」とあります。しかし、ドイツ語版では「ドイツの哲学者・社会学者」と紹介されており、また英語版でも「批判理論とプラグマティズムの伝統にあるドイツの哲学者・社会学者」と記されています(二〇二二年五月閲覧)。わたしは、哲学者でもあり社会学者でもあるというドイツ語版や英語版の紹介のほうが、ハーバーマスという人を的確に表現しているように思います。

(2) 一九七三年の邦訳書において公共性と訳されたのは、Öffentlichkeitですが、この単語は、多くのばあいÖffentlichkeitenという形(複数形)で使われています。このÖffentlichkeitenは、公共的な議論の場のことを指しています。日本のハーバーマス研究においてこの理解が定着したため、現在では公共圏と訳されるようになっています。この理解の定着にあたっては、花田達朗の一連の論考が寄与しています(花田　一九九六)。まさに『公共性の構造転換』は語りの空間が社会形成にはたした役割についての研究なのです。

(3) 社会学思想という言葉は、あまりなじみがないかもしれませんが、使われてこなかったわけではありません。一九八五年から九七年にかけて東京大学出版会において刊行された『リーディングス日本の社会学』(全二〇巻)の第二巻は『社会学思想』と題されています(佐藤・細谷・村中　一九九七)。ちなみにこのシリーズの第一巻が『社会学理論』です。つまり、この論集の企画・編集にあたっては、社会学理論と社会学思想の差異が意識されていたということです。

(4) 本章では、ハーバーマスの考えをできるだけ分かりやすく解説するということに主眼を置いていますので、その根拠となるテクストの詳細な検討については、省略しているところがあります。テクストの解釈については、永井　二〇一八を参照してください。また永井・日暮・舟場　二〇二二の序論第一節および第一章も参照してください。

(5) ここでは、マックス・ウェーバーの古典的な定義のことを念頭に置いています(Weber 1964: 1 = 一九七一、八五)。

(6) ここでは、討議という表現にまず言及していますが、厳密にいえば、妥当性要求を主題化する対話全般を指す術語は論証です。ただし、討議という言葉は、ハーバーマスの概念として広く知られていますので、討議という言葉で妥当性要求を主題化する対話を代表させることは、さしあたり許容されるものと思います。なお論証のうち、指示対象に関連づけることによって(つまり証拠を提示することによって)決着をつけることのできる性質の対話については、討議という名称が与えられています。他方、美についての議論のように、しかるべき論拠を示して妥当性のいかんについて議論することはできても、はっきりとした証拠によって決着をつけることの困難な対話については、批判という名称が与えられています。

(7) 評論家の佐藤優はハーバーマスについて次のような所感を記しています。「僕は獄中でハーバーマスをかなり注意深く読んだ。しかし、政治的実践としては「小学校の学級会を思い出し、一人一人が自由に意見を言い、皆でよく議論をし、そこで決まったことは守るようにしよう」ということ以上の示唆が出てこない」(佐藤二〇〇六、三六三)。実践者の観点からは、そのような総括になるのかもしれません。わたしは、ハーバーマスの理論的な示唆を受け止め、それを社会分析や社会認識に生かすことが重要だと思います。それは、実践のあり方を考えていくことにもつながるはずです。

(8) 訳文は邦訳書どおりではありません(これは、これ以降の引用文でも同様です)。

(9) ハーバーマスは一九九〇年代における「歴史家論争」の一方の当事者として知られています。これについては、三島　二〇〇六、一八〇－二〇四および武井　二〇二一、一一五―一四二を参照してください。

(10) 知識人の責務をハーバーマスがどのように考えているかについては、「公共的空間と政治的公共圏」というエッ

⑾セイを参照してください(Habermas 2005: 26 = 二〇一四、二六―二七)。これはもともと、二〇〇四年一一月一一日に京都国際会館において京都賞記念講演として話されたものでした。

ここでは、対話をめぐるハーバーマスの理論的な考察の帰結として、国家が成人男性に兵役義務を課すことができないとする判断が導かれていることを紹介しました。じつはこの論点は、『事実性と妥当性』において展開されている近代国家や近代法にかんする議論全般をふまえて提出されていますので、この見解の意味を理解するにあたっては、より丁寧にハーバーマスの議論をたどる必要があります。それはここではできないので、さしあたりハーバーマスの理論において①道徳的討議と倫理的討議とが区別されていること、②これらが政治的意志形成過程のなかに組み入れられていること、そして③討議の経路において必ず道徳的討議を経由することになっていることだけを簡単に説明しておきます(図3)。①道徳的討議とは万人にとってよきことは何かという観点(道徳的観点)でなされる討議のことです。他方、倫理的討議とは、われわれにとってよきことは何かという観点(倫理的観点)でなされる討議のことです。ナショナリズム的な自己理解は、この倫理的討議とかかわります。②政治的意志形成過程の全般は図3のように示されます。これは、近代国家における民主主義的な法制定の過程を図式化したものです。討議の出発点はプラグマティックな討議です。ここでは、政治的な問題を解決するためのプログラムが専門的知識にてらして吟味されます。しかし、このプログラムの妥当性問題は経験的知識による吟味だけでは決着が付きません。むしろそれが前提とする価値指向そのものこそが争点になるからで

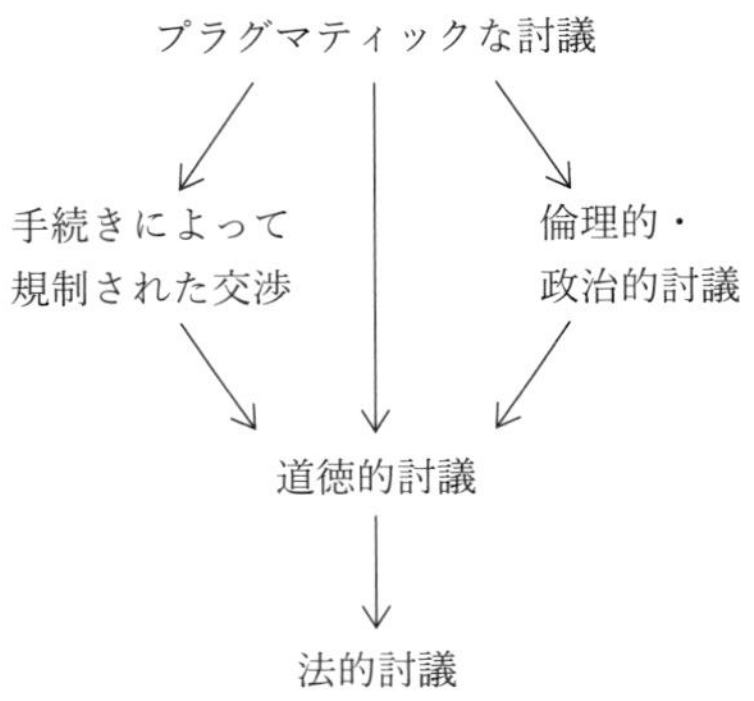

図3　理性的政治的意志形成過程のモデル
(Habermas 1992: 207 = 2002: 201)

す。そこで三つの経路に分岐します。ここでは、道徳的討議と倫理的・政治的討議に加えて、第三の選択肢として交渉があげられます。複合的な社会において優先すべき価値が何かについて決着が付かないばあい、当事者のあいだでの妥協形成がはかられます。これは、価値指向についての一致は断念しているので討議ではありませんが、話しあいのルールにはしたがっているので討議原理には依拠しているとみなされます。どの経路でも道徳的討議を経由し、法的討議にいたります。法的討議では、基本権(憲法)との整合性や先行する法との一貫性が吟味されます。③この経路図において、必ず道徳的討議を経由するという説明になっています。これは、交渉や倫理的・政治的討議での決定が道徳的原則と両立可能か点検されるという意味です(道徳的討議をはじめからやりなおすということではありません)。この論理は、倫理的討議にたいする道徳的討議の優先が近代の法体系に組み込まれているということを示唆しています。ここで引用したハーバーマスの発言は、このような議論をふまえてなされたものです。なお、『事実性と妥当性』で示されたハーバーマスの近代国家や近代法をめぐる議論の概要については、永井　二〇〇五を参照してください。

【参考文献】

Habermas, Jürgen, 1962, *Strukturwandel der Öffentlichkeit: Untersuchungen zu einer Kategorie der bürgerlichen Gesellschaft.* Luchterhand: Neuwied am Rhein.(一九七三、細谷貞雄訳、『公共性の構造転換——市民社会の一カテゴリーについての探究』未來社)。

———, 1981, *Theorie des kommunikativen Handelns* (Bd. 1: Handlungsrationalität und gesellschaftliche Rationalisierung; Bd. 2: Zur Kritik der funktionalistischen Vernunft), Frankfurt am Main: Suhrkamp.(一九八五、一九八六、一九八七、河上倫逸・マンフレッド・フーブリヒト・平井俊彦・岩倉正博・藤澤賢一郎・徳永恂・平野嘉彦・山口節郎・丸山

高司・丸山徳次・厚東洋輔・森田数実・脇圭平・馬場孚瑳江訳、『コミュニケイション的行為の理論』上、中、下、未來社)。

——, 1991, *Strukturwandel der Öffentlichkeit: Untersuchungen zu einer Kategorie der bürgerlichen Gesellschaft*, Neuauflage, Suhrkamp: Frankfurt am Main. (一九九四、細谷貞雄・山田正行訳、『公共性の構造転換——市民社会の一カテゴリーについての探究』第二版、未來社)。

——, 1992, *Faktizität und Geltung: Beiträge zur Diskurstheorie des Rechts und des demokratischen Rechtsstaats*, Frankfurt am Main: Suhrkamp. (二〇〇二、二〇〇三、河上倫逸・耳野健二訳、『事実性と妥当性——法と民主的法治国家の討議理論にかんする研究』上、下、未來社)。

——, 1996, *Die Einbeziehung des Anderen: Studien zur politischen Theorie*, Frankfurt am Main; Suhrkamp. (二〇〇四、高野昌行訳、『他者の受容——多文化社会の政治理論に関する研究』法政大学出版局)。

——, 1999, *Wahrheit und Rechtfertigung: Philosophische Aufsätze*, Frankfurt am Main: Suhrtkamp. (二〇一五、三島憲一・大竹弘二・木前利秋・鈴木直訳、『真理と正当化——哲学論文集』法政大学出版局)。

——, 2005, *Zwischen Naturalismus und Religion: Philosophische Aufsätze*, Frankfurt am Main: Suhrkamp. (二〇一四、庄司信・日暮雅夫・池田成一・福山隆夫訳、『自然主義と宗教の間——哲学論集』法政大学出版局)。

花田達朗、一九九六、『公共圏という名の社会空間——公共圏、メディア、市民社会』木鐸社。

三島憲一、一九九一、『戦後ドイツ——その知的歴史』岩波書店。

——、二〇〇六、『現代ドイツ——統一後の知的軌跡』岩波書店。

宮本常一、一九八四、『忘れられた日本人』岩波書店。

永井　彰、二〇〇〇、「ハーバーマス理論における公共圏理論の再編成——コミュニケーション理論の枠組みを手がかりに」『東北大学文学部研究年報』四九、三五—五四。

――――、二〇〇五、「『事実性と妥当性』における民主主義的法治国家論の論理と射程」『社会学研究』七八、一二三―一四五。
――――、二〇一八、『ハーバーマスの社会理論体系』東信堂。
永井　彰・日暮雅夫編著、二〇〇三、『批判的社会理論の現在』晃洋書房。
永井　彰・日暮雅夫・舟場保之編著、二〇二二、『批判的社会理論の今日的可能性』晃洋書房。
佐藤　優、二〇〇六、『獄中記』岩波書店。
佐藤　勉・細谷　昂・村中知子編、一九九七、『社会学思想』（リーディングス日本の社会学第二巻）東京大学出版会。
武井彩佳、二〇二一、『歴史修正主義――ヒトラー賛美、ホロコースト否定論から法規制まで』中央公論新社。
Weber, Max, 1964, Soziologische Grundbegriffe, *Wirtschaft und Gesellschaft, Grundriss der verstehenden Soriologie*, Köln: Kiepenheuer & Witsch, 1-42.（一九七一、濱島朗訳、「社会学の基礎概念」『ウェーバー　社会学論集――方法・宗教・政治』青木書店、八三―一六八）。

執筆者紹介

甲　田　直　美（こうだ・なおみ）
東北大学大学院文学研究科／日本語学
仁　平　政　人（にへい・まさと）
東北大学大学院文学研究科／日本文学
大　貫　隆　史（おおぬき・たかし）
東北大学大学院文学研究科／英文学
引　野　亨　輔（ひきの・きょうすけ）
東北大学大学院文学研究科／日本思想史
永　井　　　彰（ながい・あきら）
東北大学大学院文学研究科／社会学

人文社会科学講演シリーズXIII
語りの力
Power of Storytelling
Lecture Series in Humanities and Social Sciences XIII

2023年3月31日　初版第1刷発行

編　者　東北大学大学院文学研究科
講演・出版企画委員会
発行者　関内 隆
発行所　東北大学出版会
〒980-8577　仙台市青葉区片平2-1-1
TEL：022-214-2777　FAX：022-214-2778
https://www.tups.jp　E-mail：info@tups.jp
印　刷　社会福祉法人　共生福祉会
萩の郷福祉工場
〒982-0804　仙台市太白区鈎取御堂平38
TEL：022-244-0117　FAX：022-244-7104

ISBN978-4-86163-385-0　C1020
定価はカバーに表示してあります。
乱丁、落丁はおとりかえします。

読者の皆様へ

大学の最も重要な責務が教育と研究にあることは言うまでもありません。しかし、その研究から得られた成果を広く一般に公開し、共有の知的財産とすることも、それに劣らず重要なことのように思われます。このような観点から、東北大学大学院文学研究科では、従来よりさまざまな講演会を開催し、教員の日々の研究の中から得られた新たな知見を中心として、一般の方々に興味を抱いていただけるような種々の研究成果を広く公開して参りました。幸いなことに、私どものこのような姿勢は、多くの方々に支持を得てきたところです。この度創刊する人文社会科学講演シリーズは、本研究科による研究成果の社会的還元事業の一環として企画されたものです。本シリーズを通して、講演を聴講された方々はあの時あの場の感動を追体験していただけるでしょうし、聴講の機会を得られなかった方々には、新たな知見や興味ある研究成果に触れていただけるものと思います。本シリーズが、そのような役割を果たすことができたならば、私どもの喜びこれに過ぐるものはありません。読者の皆様のご支援を心よりお願い申し上げます。

2006年3月　東北大学大学院文学研究科出版企画委員会